A PROPOS DE L'AUTEUR :

Après avoir développé une carrière de cadre-dirigeant à l'international dans le secteur des nouvelles technologies de l'information et de la communication, Alexandre JACQUES décide de rejoindre la Fonction publique hospitalière. Il est actuellement Directeur d'un Pôle médico-social et d'un Etablissement d'hébergement pour personnes âgées dépendantes (15M Euros annuel, 350 salariés).

Construite en plusieurs parties, sa réflexion managériale se nourrit de ses expériences passées et présentes dans les secteurs privés et publics.

Il a également publié « Technosciences et Responsabilités en santé », un ouvrage investigation sur les incidences des Nanotechnologies, Biotechnologies, Informatique et sciences Cognitives (N.B.I.C.) sur le secteur de la santé.

Les droits d'auteur du présent ouvrage sont intégralement versés au fonds de dotation Atout5Partage.

A PROPOS DU FONDS DE DOTATION :

Atout5Partage est un fonds de dotation au sens de l'article 140 de la loi de Modernisation de l'économie du 4 août 2008. Il a pour objet toute initiative dans les champs sanitaires, sociaux et médico-sociaux visant à favoriser la prise en charge et l'accompagnement de tout public défavorisé ou fragilisé par la maltraitance, le handicap ou la grande dépendance.

A ce titre, le fonds de dotation développe lui-même ses propres actions et/ou participe au financement des structures juridiques et des projets qui accompagnent les publics précités et dont la réalisation favorisera sa mission d'intérêt général.

Le fonds de dotation est financé par toute libéralité versée par ses donateurs qui pourront bénéficier des avantages fiscaux prévus aux articles 200 et 238bis du Code général des impôts.

Plus d'informations sur : www.atout5partage.com

Aux A4 pour leurs encouragements ...

(Les propos soutenus dans le cadre de ce document relèvent de la responsabilité exclusive de son auteur)

Préface

Le livre d'Alexandre Jacques met en évidence son intelligence et sa sensibilité. Son intelligence, tout d'abord, parce qu'il analyse très finement les impasses de ces récentes réformes hospitalières marquées, hélas, du sceau bien français de la verticalité. Sa sensibilité ensuite, car Alexandre Jacques ne perd jamais de vue la finalité de toute organisation hospitalière : prendre soin des patients et instaurer un lien particulier avec eux.

Au cœur du livre, il a placé un mot qui m'est cher : le « dialogue ». Comme il le montre bien, c'est ce lien particulier que permet d'instaurer un dialogue ouvert et tolérant. Et comme il le montre aussi, ce dialogue est aujourd'hui en crise dans les organisations hospitalières, notamment sous les effets du nouveau management public.

Imposé aux administrations et aux établissements publics par l'État français depuis une vingtaine d'années, le nouveau management public a en effet souvent renforcé l'emprise de la hiérarchie bureaucratique sur le personnel soignant des établissements de soins, comme l'ont montré depuis de nombreux travaux.

Les organisations hiérarchiques se trouvent ainsi prises dans le cercle vicieux de la défiance. Les pressions sur le personnel et son contrôle permanent produisent du mal-être, qui conduit à des arrêts maladie et à un travail mal fait, qui conduisent à un manque de personnel et à des désorganisations, qui conduisent in fine à renforcer les modes de gestion autoritaires qui ont pourtant produit cette situation désastreuse. Dans bien des cas, la multiplication des règles de gestion multiplie les contraintes qui pèsent sur les opérateurs et sur les managers. Certes, ces règles de gestion peuvent permettre aux encadrants de mieux lire les activités des soignants, mais à quel prix ?

Face à cette situation préoccupante, Alexandre Jacques mobilise plusieurs modèles alternatifs, dont, le management concertatif, que j'ai expérimenté dans ma propre entreprise et qui permet d'éviter les écueils que je viens de résumer.

Alexandre Jacques a raison de rappeler que l'une de mes convictions les plus profondes est que le manager doit être un chef d'orchestre, et non un agent de police ou un dictateur comme c'est encore trop souvent le cas aujourd'hui. L'opérateur ne peut plus être un simple exécutant obéissant à la lettre à des protocoles planifiés à l'avance par son chef. Il faut qu'il puisse exercer sa créativité et son esprit critique, sans lesquels il n'y a ni innovation ni responsabilité. La liberté laissée à l'opérateur lui offre non seulement une plus grande souplesse d'exécution, mais elle lui permet également d'ajuster son travail aux demandes de ses usagers.

Elle lui permet d'être plus réactif mais aussi plus investi dans son travail et plus satisfait de ses résultats.

Un employé n'est pas qu'une paire de bras et qu'une tête. C'est aussi un cœur, une histoire, une culture, une sensibilité, une manière de voir. Une organisation qui se prive de telles richesses est une organisation sans avenir.

Alexandre Jacques relève que « l'attachement des agents à l'établissement et au travail en équipe est un des principaux points de satisfaction mis en avant par l'audit organisationnel » commandé par l'un des centres hospitaliers pour lequel il a travaillé. Voilà qui ne m'étonne pas. L'être humain a un besoin fondamental d'appartenance, de faire société avec ses semblables. L'individu peut se passer de chefs, mais il ne peut pas se passer de pairs pour faire fraternité.

Fort de ce constat, j'ai organisé le Groupe Hervé non pas autour d'un organigramme hiérarchique rigide mais autour d'équipes de travail. Tout se décide ainsi au niveau de l'équipe, le manager ne faisant la plupart du temps qu'organiser la discussion collective et relayer à l'échelon supérieur les décisions prises par l'équipe. Ce fonctionnement permet de créer de la fraternité et de l'intelligence collective. Il responsabilise les individus sans les isoler face à leurs tâches. Évidemment, ce fonctionnement en équipe ne va pas sans difficultés, car il faut savoir équilibrer les ego, tempérer les forts en gueule et faire participer les timides, ou encore veiller à ce que le groupe n'étouffe pas les singularités de chacun au profit d'un conformisme rassurant – mais le manager est précisément là pour ça.

Voilà pourquoi je rejoins tout à fait Alexandre Jacques quand il affirme que « l'homme doit être conçu comme un potentiel qui cherche à se développer et dont les organisations ont la responsabilité d'accompagner son développement ». C'est au contact des pairs avec qui il fait équipe que chaque opérateur apprend à développer son potentiel et en faire profiter les autres. Mais c'est aussi le rôle du manager d'aider chacun dans cette voie. Cela suppose d'être humble, bienveillant, à l'écoute et de faire confiance a priori, soit à peu près tout le contraire de l'image que l'on se fait aujourd'hui du manager (sûr de lui, autoritaire, directif et sur ses gardes). Le manager-catalyseur ne doit pas faire à la place des opérateurs mais les aider à faire entre eux. Il ne doit pas être au-dessus d'eux mais à leurs côtés.

Et il ne faut pas perdre de vue que ce ne sont pas seulement les relations internes à l'équipe qui doivent être singulières, mais aussi les relations entre les opérateurs et les usagers. L'acte de soin ne doit pas être standardisé mais au contraire singularisé. L'hôpital est le lieu où se révèle ce qu'il y a de plus humain en nous, parce que c'est le lieu où l'individu fait face à la mort. Hélas, c'est précisément cette dimension humaine du travail de soin qui est aujourd'hui remise en cause par le nouveau management public.

Promouvoir la singularité de chacun, cela suppose aussi, au niveau institutionnel, d'accepter d'investir massivement dans la formation, de fournir aux employés un environnement de travail varié et stimulant et de les nourrir en permanence d'informations sur l'organisation (ratios de gestion, actualités des autres équipes, etc.) et sur le monde extérieur (évolution des réglementations, nouvelles technologies, stratégies de la concurrence, etc.). Là encore, la transparence est pleine de vertus.

Le premier devoir d'un manager, c'est donc de connaître ses équipes et de savoir jauger le niveau d'autonomie et de maturité de chacun (si un tel a besoin d'être rassuré ou « challengé », si tel autre se sent à l'étroit dans son poste, etc.), comme le décrit très justement Alexandre Jacques. Cela suppose aussi de savoir prendre en compte les spécificités du travail des uns et des autres, les compétences, les savoir-faire, les savoir-être, qui sont en général au fondement des identités professionnelles et de la valeur que l'on donne à son action. C'est là que le travail prend son sens, et malheureusement le management hiérarchique y est souvent aveugle. La logique managériale a en effet tendance à faire table rase du passé et à faire fi des cultures, comme si les instruments de gestion étaient d'une validité universelle, quels que soient les lieux et les époques.

Instaurer un mode de management concertatif en milieu hospitalier demande donc des efforts d'autonomisation différenciés de la part des médecins et des infirmières.

Un autre écueil du nouveau management public, c'est le fétichisme des outils. La mutation perpétuelle dans laquelle nous ont propulsé la mondialisation et le numérique peuvent en effet nous inciter à nous raccrocher à nos outils comme à autant de bouées rassurantes.

Mais il ne faut jamais nous laisser enfermer dans les moyens et les objectifs que nous nous sommes donnés au départ. Le chemin doit se faire en marchant – ce qu'Alexandre Jacques reconnaît en distinguant à juste titre la logique effectuale (qui consiste à adapter en permanence les buts et les outils à un environnement changeant) de la logique causale (qui prédétermine des objectifs et un plan d'action dont il ne faut surtout pas dévier).

Alexandre Jacques s'interroge : la désacralisation du manager ne dégrade-t-elle pas du même coup sa fonction ? Je crois au contraire qu'elle l'élève. Car la fonction du manager-catalyseur n'est pas limitée à des tâches de contrôle interne, de gestion des urgences et de surveillance mesquine des uns et des autres – autant de tâches qui, en l'occurrence, sont souvent peu gratifiantes et guère épanouissantes. Le rôle du manager-catalyseur consiste au contraire à faire ressortir le meilleur de chacun en multipliant les liens entre les membres de son équipe, mais aussi entre son équipe et le monde extérieur (usagers, membres d'autres équipes, parties prenantes, etc.). Un tel manager est reconnu et valorisé à la hauteur des liens qu'il parvient à tisser et à entretenir, et non parce qu'il porte un titre plus ou moins prestigieux et qu'il occupe un bureau confortable. La fonction n'est pas gratifiante en elle-même, c'est ce que chaque manager en fait qui lui donne sa valeur.

De nos jours, l'enjeu des établissements de santé, c'est d'instaurer un lien avec les patients. Plus les savoir-faire et l'intelligence pratique seront incorporés à des machines et plus les employés devront développer leurs savoir-être et leur intelligence émotionnelle. Je suis convaincu que la manière dont une infirmière se comporte vis-à-vis d'un malade a un impact sur la guérison. Et j'ai été sincèrement choqué de voir que l'organisation du travail dans certains établissements de soins avait réussi l'« exploit » de faire perdre le sens de leur travail à des infirmières, alors qu'elles font un des métiers les plus utiles socialement qui soit. L'organisation du travail doit révéler à chacun le sens et l'impact social de ses activités.

Le manager-catalyseur n'est donc pas un surveillant mais un coach, un arbitre, un formateur, un médiateur et un animateur. Et si je n'utilise pas l'écriture inclusive, je n'en oublie pas les femmes pour autant. Car le rôle d'un manager-catalyseur demande des qualités d'écoute, de jugement, de tact et de communication que l'on trouve plus naturellement chez les femmes que chez les hommes. Au lieu de mettre l'accent sur l'autorité virile et la concentration du pouvoir, comme le fait le management d'inspiration militaire que l'on trouve dans tant d'organisations en France, le management concertatif repose au contraire sur la dissémination du pouvoir et la capacité à faire dialoguer. Le management concertatif n'est donc pas seulement un outil de transformation des pratiques managériales traditionnelles, c'est aussi un levier de féminisation de l'encadrement.

Au final, le livre décrit des espaces de dialogue qui « réunissent des professionnels partageant des situations de travail similaires où les injonctions contradictoires, les dilemmes ou paradoxes (vécus ou perçus) peuvent être débattus dans un cadre sécurisant. » À mon sens, de tels espaces de dialogue ne devraient pas être limités à des cas de mal-être ou de travail empêché. Le dialogue doit être constant, il doit impliquer toute l'équipe et il ne doit pas être cantonné aux situations problématiques.

Et pourquoi ne pas remettre aussi en cause la très forte hiérarchisation qui sépare les différentes classes de personnels soignants, depuis le mandarin universitaire jusqu'à l'infirmière intérimaire. Cette hiérarchisation extrême est sans conteste source de frustrations, d'inégalités et de blocages. Que pourrait-on faire contre cela ?

Selon un vieux dicton américain, c'est quand il fait beau qu'il faut réparer sa toiture. Le problème, c'est qu'aujourd'hui, dans les organisations hiérarchisées, il n'arrête pas de pleuvoir, et qu'il n'arrêtera pas de pleuvoir tant que la toiture ne sera pas réparée. Il faut donc, avec audace, relever ses manches, asseoir les équipes autour d'une table, et commencer un véritable dialogue à cœur ouvert pour faire commun tous ensemble.

Michel Hervé

Biographie Michel HERVE :

Michel Hervé est le Président-fondateur du Groupe Hervé (2 800 salariés, 20 filiales, 472M€ de CA). En parallèle de son activité professionnelle, il a exercé au cours des 40 dernières années différents mandats politiques (maire de Parthenay, conseiller régional, député des Deux-Sèvres et député européen) et s'est également impliqué dans des fonctions d'enseignant (Université Paris VIII), de banquier - fondateur de l'IDPC[1]. Michel Hervé s'est aussi investi comme président de l'ANCE[2], des Ludothèques de France, d'Europe Tibet, de Mission Ecoter, de la Ville Numérisée, ou encore d'Europe 99.

Ses expériences et son intérêt pour les sciences de l'Homme lui ont permis de construire une organisation d'entreprise innovante qui puise sa force dans le management concertatif.

www.groupe-herve.com

Les ouvrages de Michel Hervé :

"Une nouvelle ère – Sortir de la culture du chef" ;

"Le pouvoir au-delà du pouvoir – L'exigence de démocratie dans toute organisation" (prix Leaderinnov 2013)" ;

"Entreprise 2.0" ;

"De la pyramide aux réseaux – Récit d'une expérience de démocratie participative" ;

---

[1] Institut de développement Poitou-Charentes : institut financier de capital risque
[2] Agence Nationale Création d'Entreprises

La Caisse nationale de la solidarité et de l'autonomie (CNSA) a présenté dans son rapport 2016 les dernières projections démographiques en France. Avec plus de 2 millions de personnes âgées dépendantes à l'horizon 2040 dont plus de la moitié seraient dans un état de très grande dépendance[3,] la France doit faire face à un défi sans précédent que le député Jean-Michel Dubernard avait exposé dès 2005 dans son rapport auprès de l'Office parlementaire d'évaluation des politiques de santé[4].

C'est dans ce contexte que les gouvernants ont développé depuis les 10 dernières années des politiques publiques favorisant le secteur médico-social de la personne âgée. L'évolution de l'Objectif national des dépenses d'assurance maladie (ONDAM) en a été une de ses traductions. Avec une augmentation de plus de 70% de l'ONDAM médico-social personnes âgées entre 2006 et 2017, les parlementaires ont choisi de renforcer des moyens restés jusqu'alors par trop limités selon les professionnels du secteur.

Cependant, force est de constater que le cycle de rattrapage a touché à sa fin avec un ralentissement constaté dès 2015 et un asymptote budgétaire à 9 milliards d'euros. En 2017, la Loi de Financement de la Sécurité Sociale (LFSS) voté prévoit une croissance de 2,8% des dépenses médico-sociales pour personnes âgées en ligne avec un ONDAM global de 2,1%.

Dans ce contexte de raréfaction croissante de la ressource financière, la LFSS 2017 confirme un changement de physionomie du secteur médico-social dont les acteurs sont invités à gérer la ressource financière publique de manière plus efficiente. Pour accompagner cette logique, la LFSS définit la mise en place d'outils de dialogue rénovés avec « les autorités de tarification, [qui] permettront de conduire les chantiers d'amélioration, de modernisation et de transformation de l'offre des

---

[3] Par grande dépendance, nous entendons des personnes âgées de GIR 1 et 2.

[4] Le rapport indiquait que plus de 225 000 personnes atteintes de la maladie d'Alzheimer et de syndromes apparentés était identifié chaque année.

établissements et services à destination des personnes âgées et des personnes handicapées »[5].

Ainsi, plus de dix années après les réformes hospitalières de 2005[6], le secteur médico-social semble suivre le secteur sanitaire et être le théâtre d'un profond mouvement de réformes portant, notamment, sur la tarification ou la relation aux tutelles. Les décrets de décembre 2016[7] semblent confirmer un changement culturel qui avait débuté plus largement dans la Fonction publique au début des années 2000 sous l'inspiration du courant de pensée néolibéral appelé « *New public management* ».

Mis en place dans le secteur hospitalier depuis plusieurs années, ces outils ne sont pas totalement étrangers aux acteurs médico-sociaux. En effet, certains d'entre eux, comme le Contrat pluriannuel d'objectifs et de moyens (CPOM), avaient été pensés et mis en œuvre depuis la loi rénovant l'action sociale et médico-sociale[8] en 2002. Cependant, ils n'avaient pas eu le succès escompté par les pouvoirs publics[9].

Le dialogue de gestion est certainement l'objectif emblématique affiché par les décrets de 2016 puisqu'il vise d'une part à rénover les pratiques de gestion et de management des établissements médico-sociaux et d'autre part à redéfinir la relation entre les établissements et les tutelles.

---

[5] Loi n° 2016-1827 du 23 décembre 2016 de financement de la sécurité sociale pour 2017

[6] Ordonnance n° 2005-406 du 2 mai 2005 simplifiant le régime juridique des établissements de santé et ordonnance n°2005-1112 du 1 septembre 2005 portant diverses dispositions relatives aux établissements de santé et à certains personnels de la fonction publique hospitalière

[7] Décret n° 2016-1814 du 21 décembre 2016 relatif aux principes généraux de la tarification, au forfait global de soins, au forfait global dépendance et aux tarifs journaliers des établissements hébergeant des personnes âgées dépendantes relevant du I et du II de l'article L. 313-12 du code de l'action sociale et des familles

Décret n° 2016-1815 du 21 décembre 2016 modifiant les dispositions financières applicables aux établissements et services sociaux et médico-sociaux mentionnés au I de l'article L. 312-1 du code de l'action sociale et des familles

[8] Loi n° 2002-2 du 2 janvier 2002 rénovant l'action sociale et médico-sociale

[9] Enquête ANAP/CNSA/SGMAS de 2014

Le cabinet américain KPMG le définit comme « l'ensemble des processus d'échanges entre deux niveaux hiérarchiques ou managériaux relatifs aux volumes de moyens et aux objectifs assignés »[10]. En faisant le lien entre moyens, objectifs et résultats, le dialogue de gestion apparait bien au cœur de ce qu'Annie Bartoli appellent le « triangle de la performance »[11]. Il doit permettre de favoriser le pilotage de la performance publique « en combinant les notions d'efficacité, d'efficience et de budgétisation »[12].

Mais c'est bien la responsabilisation et la coopération entre les différents acteurs qui reste un enjeu essentiel du dialogue de gestion. Comme le rappelle Annie Bartoli, « il s'agit d'une réforme de management, une administration étant toujours plus efficace si elle est plus responsable »[13]. Développer la fonction managériale avec, pour objectif, la recherche continue de la performance va s'accompagner de la mise en place d'outils inspirés du secteur privé. En développant la comptabilité analytique hospitalière (CAH) ou le contrôle de gestion, la professionnalisation des fonctions budgétaires vont permettre de créer ce lien entre centre de responsabilité et performance interne et favoriser de nouvelles formes de gouvernance[14] au sein des hôpitaux. Le secteur médico-social dans les centres hospitaliers fera partie intégrante de cette logique. Intégrés dans les filières gériatriques, les établissements d'hébergement pour personnes âgées dépendantes (EHPAD)[15] rattachés aux centres hospitaliers seront progressivement soumis aux mêmes

---

[10] KPMG, « Objectifs, concepts et enjeux méthodologiques d'un système de pilotage par la performance » in Association des communautés urbaines de France, Groupe Caisse d'épargne, Démarches locales de performance : pratiques et enjeux – Principes consacrés par la LOLF, le rôle précurseur des collectivités locales.

[11] BARTOLI A. et BLATRIX C., « Le management dans les organisations publiques », Dunod, Management public, 2015

[12] Ibid

[13] Ibid

[14] Ibid

[15] Il est rappelé que les structures EHPAD peuvent être de statuts juridiques public, privé ou privé d'intérêt collectif. Les EHPAD publics sont rattachés à un centre hospitalier ou autonomes.

principes de gestion appliqués sur les pôles d'activités de médecine, chirurgie ou obstétrique (MCO).

A partir de 2009, l'Agence nationale d'appui à la performance (ANAP)[16] va avoir la responsabilité d'apporter son expertise technique pour développer des outils de mesure de la performance interne des établissements. En 2013, elle présentera un tableau de bord médico-social regroupant une vingtaine d'indicateurs qui sera le support à des enquêtes annuelles. En développant un référentiel commun aux établissements, l'ANAP a progressivement permis aux Agences régionales de santé (ARS) d'une part d'apprécier l'utilisation des ressources publiques sur un secteur aux acteurs et publics hétérogènes au travers d'études comparatives ou benchmarking et d'autre part d'organiser plus efficacement l'offre de soins et médico-social sur le territoire. Les ARS ont pu progressivement étendre les domaines concernés en y incluant des indicateurs relatifs à la qualité (enquête Flash-EHPAD) ou aux pratiques médicales (Rapport annuel d'activité médicale ou RAMA). Les indicateurs sont progressivement intégrés dans une logique non seulement d'informations depuis le lancement des enquêtes ANAP ou Flash EHPAD mais également de contractualisation. Des objectifs seront ainsi déclinés dans les CPOM mis en œuvre à partir de cette année.

Ainsi, les décrets de décembre 2016 invitent les établissements médico-sociaux à s'appuyer à la fois sur ces indicateurs de performance et sur les résultats des benchmarking pour nourrir un dialogue de gestion rénové avec les équipes d'encadrement et avec les tutelles.

Présentés comme des innovations managériales, ces différents outils nous interrogent non seulement sur leur capacité à favoriser un dialogue de gestion interne et externe mais aussi sur les pratiques managériales qui en découleraient. Ainsi, la question posée est la suivante : Est-ce que

---

[16] L'ANAP a été créée par la loi n°2009-879 du 21 juillet 2009 portant réforme de l'hôpital et relative aux patients, à la santé et aux territoires. Elle est la fédération du Groupement pour la modernisation du système d'information hospitalier (GMSIH), de la Mission nationale d'Appui à l'INvestissement Hospitalier (MAINH) et de la Mission nationale d'expertise et d'audit hospitaliers (MeaH).

le dialogue de gestion tel qu'il est pensé actuellement permet-il encore de favoriser l'amélioration de la performance organisationnelle et participer au dialogue social dans les établissements médico-sociaux hospitaliers ?

De cette première question, nous pouvons développer deux sous-questions.

La première sous-question relève de la notion de « performance organisationnelle » qui, associée au secteur médico-social (et plus particulièrement des personnes âgées), peut paraître difficilement compatible. Selon l'expression consacrée par les professionnels du secteur « On ne gère pas des petits pois mais on gère de l'humain ». Ainsi, l'objectif même du dialogue de gestion semble questionnable d'un point de vue culturel : Les acteurs du secteur médico-social sont-il « prêts » à entrer dans une logique de gestion et de recherche de performance organisationnelle ?

La deuxième sous-question a trait à l'expression de dialogue social dont on retiendra la définition telle que présentée par l'Organisation internationale du travail (OIT)[17].

En effet, si la responsabilisation des fonctions managériales et d'encadrement demeure bien l'enjeu du dialogue de gestion au sein de la fonction publique depuis quelques années, il n'en apparaît pas moins intéressant d'observer que les entreprises du secteur privé ont développé depuis nombreuses années une approche de responsabilisation étendue jusqu'à la « base » de leur organisation.

---

[17] Définition (OIT) : « le dialogue social inclut tous types de négociation, de consultation ou simplement d'échange d'informations entre les représentants des gouvernements, des employeurs et des travailleurs selon des modalités diverses, sur des questions relatives à la politique économique et sociale présentant un intérêt commun. […] L'objectif principal du dialogue social en tant que tel est d'encourager la formulation d'un consensus entre les principaux acteurs du monde du travail ainsi que leur participation démocratique. »

Dans l'économie de l'adaptation décrite par Michel Hervé[18] et Thibaud Brière[19], les « entreprises 2.0 » sont en capacité de répondre aux changements de leur environnement en innovant continuellement. Les auteurs rappellent que cette approche est exigeante puisqu'elle demande aux dirigeants de mobiliser « l'intelligence de tous et non d'un seul ou de quelques-uns »[20]. Transposée à la direction de structures médico-sociales hospitalières, elle pose les questions suivantes intrinsèquement liées : Quelle est la nature de la relation entre dialogue de gestion et dialogue social ? Quel rôle le Directeur peut-il avoir dans le développement du dialogue de gestion au sein de l'établissement ?

C'est dans cette perspective de questionnement que la présente réflexion se construit et s'enrichit à partir d'expériences développées dans deux centres hospitaliers que nous désignerons par A et B pour des raisons d'anonymat[21].

Bien que taille différentes, les établissements A et B présentent de nombreuses similitudes dont notamment appartenir à un territoire de tradition industrielle et ouvrière. Ils dépendent du même directeur général.

A la fin 2016, le centre hospitalier A doit renégocier la convention tripartite pour son établissement d'hébergement pour personnes âgées dépendantes et son accueil de jour. Il doit faire face à une baisse significative de ses dotations et doit envisager une restructuration. A la même période, le centre hospitalier B, également en difficulté financière, décide de mobiliser ses équipes par le dialogue de gestion.

---

[18] Michel Hervé est fondateur du Groupe Hervé (2800 salariés, 472 M€ de chiffre d'affaires). Il a été aussi conseiller auprès du Premier Ministre Michel Rocard, Député des Deux-Sèvres, Conseiller régional de Poitou-Charentes et Maire de Parthenay (79)

[19] Thibaud Brière est philosophe et fondateur du cabinet « philos »

[20] HERVE M. et BRIERE T., « Le Pouvoir au-delà du Pouvoir : L'exigence de démocratie dans toute organisation », F. Bourin, 2012

[21] Une description de ces deux terrains d'étude est développée dans le deuxième chapitre de l'ouvrage.

C'est donc dans ce contexte que je pose le point de départ de la présente réflexion. Ainsi, je formule les hypothèses suivantes en vue d'adresser les interrogations déclinées précédemment :
- Les structures médico-sociales des centres hospitaliers ne sont pas prédisposées au dialogue de gestion et au passage à une logique de contractualisation fondée sur des indicateurs de performance.
- L'absence d'indicateurs ne contribue pas à un dialogue social apaisé et soulève plus d'incertitudes parmi les acteurs qui tendent à développer des stratégies propres.
- Développer le dialogue de gestion nécessite d'avoir des outils facilitants et les plus adaptés à la réalité du travail du personnel
- Le dialogue de gestion relève plus d'une philosophie managériale que d'un outil de management
- Le dialogue de gestion est un outil de communication pour mettre en œuvre une stratégie d'établissement permettant de (re)créer un « sens collectif » favorisant le dialogue social

Depuis près d'une quinzaine d'années, la culture du *New public management* s'est développée au sein de la fonction publique hospitalière. Les structures médico-sociales hospitalières ont été confrontées à des réformes développant les outils de mesure et de suivi de la performance interne dans un objectif de contractualisation avec les tutelles. C'est dans ce contexte que la présente analyse se positionne.

Les terrains d'étude choisis pour commencer notre réflexion présentent des similitudes pour développer la méthodologie de recherche. Les missions confiées par la Direction des établissements A et B permettent de réaliser un diagnostic de leur situation au regard de la problématique posée.

Avec des apports directement issus de ces expériences, des entretiens et des observations réalisés, des préconisations sont développées afin de pouvoir répondre aux hypothèses développées ci-dessous. Elles porteront sur des mesures concrètes visant à mettre en œuvre des concepts portés par la théorie mais également appliquées dans le monde de l'entreprise privée.

ular
Le *New public management*, réforme du secteur médico-social

I. Vingt années de réformes dans le secteur médico-social français

Le secteur médico-social a connu plus de réformes depuis le début du XXIème siècle qu'entre 1945 et 2000 [22]. Les pouvoirs publics ont développé sur le secteur une stratégie en plusieurs étapes qui montre la difficulté d'appréhender des acteurs particulièrement nombreux et héritiers d'une histoire souvent aussi différentes que les territoires auxquels ils appartiennent [23].

Avec l'objectif de développer la qualité de prise en charge des résidents, la loi 2002-02 va marquer la première étape d'une longue transformation des acteurs médico-sociaux vers une recherche continue de la performance.

La qualité de prise en charge et l'affirmation d'un cadre réglementaire défini en 2002 a doté les établissements médico-sociaux d'outils toujours plus structurants [24] au service de la mesure et de l'évaluation. Le projet d'établissement ou le rapport d'évaluation de la qualité en sont des exemples. Dans le prolongement de la démarche Angélique [25], la démarche de certification obligatoire conditionnant l'autorisation de création ou de renouvellement pour un établissement a nécessité la mise en place d'une agence permettant d'accompagner les établissements médico-sociaux. Le Conseil national de l'évaluation sociale et médico-sociale (CNEMS) puis l'Agence nationale d'évaluation de la qualité et de la qualité des établissements et services médico-sociaux (ANESM)

---

[22] On retiendra la promulgation des textes fondamentaux relatifs à l'action sociale (loi 2002-02 du 2 janvier 2002), aux personnes avec un handicap (loi n°2005-102 du 11 février 2005) ou à la protection de l'enfance (loi 2007-293 du 5 mars 2007)

[23] Le secteur médico-social comprend près de 32000 établissements relevant de l'article L312-1 du Code d'action sociale et des familles.

[24] Les 7 outils sont respectivement le livret d'accueil, la Charte des droits et libertés de la personne accueillie, le contrat de séjour ou le document individuel de prise en charge, la personne qualifiée, le règlement de fonctionnement de l'établissement ou du service, le conseil de vie sociale et le projet d'établissement ou du service

[25] Application Nationale pour Guider une Evaluation Labellisée Interne de Qualité pour les Usagers des Etablissements (ANGELIQUE)

en 2008, a ainsi favorisé le développement de la démarche qualité au service de l'usager. Ses attentes et ses besoins sont à présent à évaluer « en continu » pour pouvoir « proposer des priorités pour l'action sociale et médico-sociale » définies par l'Etat (article 2 de la loi 2002-02).

L'usager a également bénéficié de droits visant à rééquilibrer sa place au sein de l'établissement. Les 7 droits fondamentaux[26] relèvent de cette logique. Ainsi, l'ensemble de ces outils institutionnels dans la démarche de certification ont fait partie d'incontournables pour les directeurs d'établissements médico-sociaux et se sont progressivement imposés puis transposés dans une grille d'analyse pour les organismes de certification. Ils ont également servi de cadre pour les négociations des conventions tripartites avec les tutelles dans la mesure où ces dernières y ont vu un moyen pour appuyer leur mission régalienne de contrôle réglementaire et d'évaluation *ex ante*.

Enfin, il est à noter qu'à partir de 2002 une initiative est développée pour mettre en place un nouvel outil, le Contrat pluriannuel d'objectifs et de moyens (CPOM). Par sa transposition (prématurée) du cadre sanitaire au secteur médico-social, son déploiement échouera. Le nombre d'établissements ayant mis à profit cet outil sera de moins de 2% de l'ensemble des établissements médico-sociaux français plus de dix ans après[27].

Les années 2008 et 2009 marquent la deuxième étape du processus de transformation des acteurs médico-sociaux avec deux nouveaux marqueurs. Le premier est le principe de la convergence tarifaire et le second la convergence sanitaire et médico-social avec la loi portant réforme sur l'hôpital et relative aux patients, à la santé et aux territoires (HPST).

---

[26] Les 7 droits fondamentaux sont le respect de la dignité, intégrité, vie privée, intimité, sécurité, le libre choix entre les prestations domiciles/établissement, la Prise en charge ou accompagnement individualisé et de qualité, respectant un consentement éclairé, la confidentialité des données concernant l'usager, l'accès à l'information, l'information sur les droits fondamentaux et les voies de recours ou la participation directe au projet d'accueil et d'accompagnement.

[27] L'enquête CNSA/ANAP de 2014 indiquait que le profil des EMS bénéficiant du CPOM était des établissements appartenant soit à des groupes privés (lucratifs ou non) soit à des Centres communaux d'action sociale (CCAS)

La convergence tarifaire a été instaurée par la LFSS de 2008 avec « l'objectif de réduction des inégalités dans l'allocation des ressources entre établissements et services relevant de même catégories » (article 69). La mise en œuvre de règles visant à faire converger les tarifs aux plafonds tarifaires sera rendue opposable par la LFSS 2009 dans un contexte de tension budgétaire de plus en plus marquée par la crise financière. A partir de 2009, l'allocation des ressources financières basée sur les résultats et non sur la base des moyens engagés va devenir un « fil rouge » des réformes engagées par les pouvoirs publics.

En 2009, la loi HPST va créer les ARS avec comme objectif une plus grande efficience des politiques publiques « sanitaire, sociale et médico-sociale » mises en œuvre sur les territoires. Cependant, l'une des nouveautés impulsées va être le décloisonnement entre les secteurs sanitaires et médico-sociaux. Suivant les ARS, différentes stratégies seront mises en place durant cette période[28]. Soumises elles-mêmes à une contractualisation avec l'Etat[29], les ARS vont ainsi accélérer la mise en œuvre des principes de mesure et d'évaluation de la performance des acteurs dans le but de favoriser une allocation de moyens aux plus performants. La mise en concurrence sera également introduite dans le cadre des appels à projets de façon à mieux planifier et réguler l'offre médico-sociale définie dans le Schéma régional d'offre médico-sociale (SROMS). Bien qu'intégré dans la loi HPST, le CPOM ne fera jamais l'objet d'un décret et restera donc encore à l'état de projet.

La notion de recherche de performance dans le secteur médico-social va se matérialiser avec la création de l'ANAP en 2009. En prenant appui sur des outils managériaux utilisés dans le secteur privé depuis de nombreuses années, l'ANAP a développé un tableau de bord de pilotage de la performance en 2012[30]. Cet outil organisé en plusieurs dimensions vise à favoriser le pilotage de la performance interne mais également l'échange avec les autorités de tutelle.

---

[28] GURRUCHAGA M., « La création des Agences régionales de santé : Recomposition de l'action publique sanitaire et sociale ? », 2010

[29] Les contrats pluriannuels d'objectifs et de moyens (CPOM) entre le ministre chargé de la santé, de l'assurance maladie, des personnes âgées et des personnes handicapées et les directeurs généraux des ARS sont conclus pour 4 ans.

[30] « Selon l'Organisation mondiale de la santé (OMS), la performance d'un système de santé se mesure à sa capacité à améliorer l'état de santé de la population, à répondre aux attentes des personnes et des clients du système et à assurer un financement équitable, en utilisant au mieux des ressources limitées », plaquette de présentation de l'ANAP « une agence pour la performance du système de santé », 2010

Malgré ces innovations managériales, différents rapports et études suggèrent que le secteur médico-social reste globalement inefficient[31]. Elles mettent en exergue la nécessité de modifier les règlementations en matière de tarification et de normes de qualité mais également les procédures administratives budgétaires particulièrement lourdes[32].

La troisième étape de ce processus de transformation va débuter en 2015 avec la loi sur l'adaptation de la société au vieillissement (ASV). Outre le renforcement de certains droits aux usagers[33], la loi ASV va accélérer la convergence du secteur médico-social vers le secteur sanitaire. Ce dernier a été profondément transformé avec la tarification à l'activité (T2A) promulguée par les ordonnances de 2005[34]. En reposant sur des ressources et non sur des moyens, la tarification à l'activité a permis d'une part de s'affranchir de la dotation forfaitaire de fonctionnement jugée par trop inéquitable entre établissements et d'autre part d'inciter à l'efficience des processus et organisations hospitalières. La mise en place en 1995 de l'Echelle nationale de coûts (ENC) a préparé le basculement vers la T2A et permis de construire un référentiel de coûts moyens par GHS[35].

Les décrets du 21 décembre 2016 ont marqué pour les établissements médico-sociaux un changement aussi important que les ordonnances de 2005 pour les établissements hospitaliers. En effet, la tarification à la ressource a commencé avec la mise en œuvre d'un forfait global

---

[31] « Concurrence, prix et qualité de la prise en charge en EHPAD en France. Analyses micro-économétriques », Cécile Martin, 2012 ; « Evaluation de l'expérimentation de l'intégration des médicaments dans le forfait soins des EHPAD », Rapport de l'Inspection générale des affaires sociales (IGAS), 2012

[32] Etude réalisée en 2011 auprès des ARS « Organisation et focus sur deux processus médico-sociaux (allocation de ressources et contractualisation) » citée dans le rapport de l'IGAS remis par Laurent VACHEY et Agnès JEANNET « établissements et services pour personnes handicapées », 2012

[33] On pourra citer les dispositions prévoyant un délai de rétractation étendu, l'obligation d'informer de manière adaptée ou la mise en place du mandat de protection future ou de la personne de confiance

[34] Ibid

[35] Les Groupes Homogènes de Séjours (GHS) regroupent les séjours relevant d'une même catégorie de malades ou groupe homogène de malades (GHM)

dépendance calculé d'une part à partir du GIR[36] moyen pondéré (GMP) retenu par les autorités de tutelle et d'autre part la valeur du point GIR arrêté par le Conseil départemental. La tarification selon le niveau de dépendance des résidents complète donc le forfait soins instauré depuis 2008 et basé sur une équation tarifaire[37].

En parallèle de cette réforme tarifaire, plusieurs études ont été lancées pour mettre en œuvre la définition d'un « panier de services » communs aux établissements médico-sociaux[38] et d'envisager de lui associer des coûts moyens issus d'études sur les coûts de prise en charge[39]. Certains parlent déjà de GHMS ou Groupes homogènes médico-sociaux …

La réforme tarifaire s'est accompagnée également d'assouplissements réglementaires dans la gestion budgétaire et financière pour les établissements. Désormais, ils pourront, par exemple, modifier les clés de répartition entre sections tarifaires ou décider de la libre affectation des résultats sans en référer aux financeurs. Cependant, ces mesures visant à plus d'autonomie ont une contrepartie. Les établissements devront signer un CPOM dans les délais arrêtés par le Directeur de l'ARS. Le CPOM remplacera la convention tripartite et permettra sur un horizon de 5 ans de réconcilier la stratégie des établissements médico-sociaux avec la politique d'organisation des soins et de l'accompagnement organisée sur le territoire par l'ARS. Et c'est bien l'enjeu de cet instrument que de supprimer la procédure contradictoire consommatrice de ressources au sein des ARS et des Etablissements médico-sociaux (EMS). En libérant l'ARS de ce contrôle *ex ante*, il favorise le pilotage et l'évaluation de la performance des EMS *a posteriori*.

Ce changement a des conséquences non négligeables pour les ARS qui abandonnent progressivement des champs de compétence réglementaires et doivent ainsi se repositionner dans l'accompagnement

---

[36] Le Groupe Iso-Ressources est une codification permettant de « classifier » le degré de perte d'autonomie. Les 6 GIR sont établis à partir d'une grille permettant de mesurer les capacités d'une personne âgée à accomplir des activités corporelles, mentales, domestiques et sociales.

[37] Pour rappel : GMPS = [GMP + PMP x 2,59]

[38] Lancé en 2015, le projet SERAFIN-PH (Services et Etablissements : Réforme pour une Adéquation des FINancements aux parcours des Personnes Handicapées) relève de cette logique.

[39] La DGCS, la CNSA et l'ATIH ont décidé de lancer en 2015 une étude nationale des coûts portant sur les données de l'année 2015 et de reconduire la démarche sur les données de l'année 2016.

et le conseil aux acteurs du territoire[40]. L'évolution de l'environnement institutionnel repose sur une forte proximité géographique et un « véritable » échange entre les ARS et les EMS. Elle ouvre ainsi la voie à un véritable dialogue de gestion à la fois interne à l'établissement et externe avec les autorités de tutelle.

---

[40] JACQUES A., « La déclinaison des politiques publiques, ou la transformation continue d'une agence régionale de santé », note de politique publique, EHESP, 2016

II. Le *New public management* au service de l'usager et de la bonne santé financière du secteur médico-social

Les évolutions des rapports entre les autorités de tutelle et les acteurs du secteur médico-social est la conséquence d'un processus de transformation de la fonction publique, amorcée depuis une vingtaine d'années en France.

Le *New Public Management* ou nouveau management public (NPM) est un courant de pensée qui prend naissance à la fin des années 1970 dans les politiques reaganiennes et thatchériennes. Il s'inscrit dans un contexte de crise économique et de pression sur les finances publiques. La remise en cause de l'Etat interventionniste, présent et peu efficient selon le NPM, va trouver ses raisons à partir d'un courant néolibéral opposé aux théories néo-keynésiennes et prônant une politique du « laissez faire ».

Les réformes successivement réalisées en France à partir de la Loi organique des lois de finances (LOLF) vont procéder de ces logiques. En s'ancrant dans une démarche résolument orientée vers l'atteinte de résultat, la LOLF va finalement introduire un nouveau cadre conceptuel au management public. Elle sera suivie par la Révision générale des politiques publiques (RGPP) puis par la loi de Modernisation de l'action publique (MAP)[41] en 2012. Cet esprit réformiste ne va pas se limiter à la fonction publique d'Etat mais se diffuser progressivement à l'ensemble des acteurs assurant des missions de service public et bénéficiant à ce titre d'argent public. Le secteur médico-social ne sera pas une exception et sera bien touché dès le début des années 2000. Cependant, ceux sont les associations qui seront touchées les premières par la maîtrise des dépenses et des vagues de restructuration et réorganisations conduisant finalement à la fusion pour certaines d'entre elles.

Pour gérer les finances publiques et répondre aux besoins des usagers avec la plus grande efficience, le *New public management* prône l'utilisation des outils et des méthodes de management utilisées par les

---

[41] La loi n° 2014-58 du 27 janvier 2014 de modernisation de l'action publique territoriale et d'affirmation des métropoles vise à simplifier l'action administrative, accélérer la transition numérique et enfin évaluer les politiques publiques.

organisations du secteur privé[42]. Comme l'ont montré de nombreuses études[43], le courant de pensée néolibéral a su prendre différentes formes et s'adapter à l'environnement dans lequel il a été appliqué. Néanmoins, il se détache trois principales caractéristiques de ce courant de pensée :

- La recherche de l'efficience avec l'accent mis sur le contrôle des dépenses publiques et le développement de gains de productivité en instaurant des moyens de mesure et de contrôle,
- La redéfinition des organisations à travers la décentralisation des responsabilités, l'externalisation de domaines de compétences ou la contractualisation entre les acteurs,
- La satisfaction des usagers à travers le développement des compétences au sein des organisations ou l'intégration des usagers dans les processus de production et de décision.

Ces trois caractéristiques se traduisent par une même lecture autour d'objectif premier de responsabilisation des acteurs au service de la performance. La notion anglo-saxonne d'« *accountable management* » prend d'ailleurs toute sa signification dans les nouveaux outillages mis en place dans la fonction publique comme les systèmes d'information financiers et comptables, la contractualisation, ou… les indicateurs de performance.

La notion de performance est à géométrie variable mais s'est très largement répandue dans la fonction publique. Elle peut être définie soit comme le résultat d'une action (« la mesure des performances est entendue comme l'évaluation *ex post* des résultats obtenus »[44]) soit comme le résultat de modes opératoires ou processus organisationnels (« la performance est l'action faite de nombreux composants, non un résultat qui apparaît à un moment dans le temps »[45]). Elle ne peut être que le résultat d'une approche systémique puisqu'elle inclut les parties prenantes de l'organisation.

---

[42] AMAR A. et BERTHIER L., « Le nouveau management public : avantages et limites », Revue Gestion et management public, 2007

[43] HOOD C., « A public management for all seasons? », Public Administration, 1991

[44] BOUQUIN H., « Le contrôle de gestion », Presses universitaires de France, 2013

[45] BAIRD L., « Managing performance », John Wiley & Sons, 1985

Mais, la performance d'une organisation ne peut s'apprécier qu'au regard d'un référentiel, d'une norme ou de résultats produits par d'autres acteurs (*benchmarking*). Elle doit donc être mesurable par des outils de gestion qui la rende concrète et communicable entre les membres de cette organisation.

L'outil de gestion n'est que le reflet d'une dimension de la performance de l'organisation. Il peut donc se décliner en autant de « variables » caractérisant la performance d'une organisation mais doit cependant s'adapter aux pratiques de terrain qui lui donnent en quelque sorte « corps ». L'outil et les pratiques de terrain entretiennent une relation d'interdépendance forte mais ne peuvent se confondre. En effet, la relation entre outil et performance est bien une interaction continue où l'outil permet à la fois l'évaluation de la performance mais également la contribution à la performance. Ils sont donc indissociables et c'est en cela que le développement, l'adoption et la mise en œuvre d'un outil de gestion demeure un projet avant tout managérial.

Le *New public management* va introduire dans le secteur public des outils de gestion visant à développer le management, l'évaluation et le pilotage de la performance déclinée au sein des organisations concernées. Bien qu'ils apparaissent comme des inventions produites de l'Etat, des agences nationales ou des autorités de tutelle, elles ne sont en fait que des innovations managériales[46]. En effet, ces outils de gestion sont inspirés voire directement transposés des théories du management des entreprises.

Le tableau de bord médico-social de l'ANAP en est une illustration. En effet, il présente indéniablement de grandes similitudes avec le *Balanced Scorecard* développé par Norton et Kaplan dès le début des années 1990. Cet outil a très vite trouvé sa place dans les formations des cadres dirigeants du secteur privé. Il se présente sous 4 axes (finances, clients, processus interne et ressources humaines). Le succès de cet outil vient de ce qu'il dépasse la simple performance financière même s'il reste néanmoins orienté vers la création de valeur comme le décrivent ces

---

[46] Ce concept d'innovation a été fortement critiqué par les acteurs du médico-social comme nous le verrons plus tard.

auteurs[47]. Le *Balanced scorecard* rejoint d'autres instruments[48] qui s'appuient chacun sur un concept de mesure de la performance et du management par la création de la valeur[49].

Développé entre 2010 et 2013, le tableau de bord de l'ANAP se présente comme le *balanced scorecard* en 4 axes (prestations de soins et d'accompagnement pour les personnes, ressources humaines et matérielles, finances-budget et objectifs-évaluation interne). Il est organisé à travers 43 indicateurs répartis en deux types de catégories avec d'une part les indicateurs du dialogue de gestion et d'autre part, les indicateurs clé d'analyse et de pilotage interne (Annexe 1).

L'objectif du tableau de bord de l'ANAP est donc bien de réconcilier la performance externe et interne de l'établissement. Dans son guide méthodologique[50], l'ANAP présente d'ailleurs le tableau de bord comme un instrument permettant d'atteindre les objectifs suivants :

- Le parangonnage ou *benchmarking* entre les établissements au niveau national et régional. Les indicateurs sont recueillis au travers des enquêtes ANAP menées annuellement sur les champs du handicap et des personnes âgées.

- Le dialogue de gestion avec les financeurs permettant de « comparer en toute transparence les activités réalisées et les moyens utilisés. De cette transparence naît une meilleure équité dans l'affectation des ressources entre établissements ».

- Le pilotage de l'offre sur un territoire donné à travers les schémas régionaux[51] et le projet régional de santé décliné par les ARS.

- La contractualisation et la négociation entre les établissements et les autorités de tutelle.

---

[47] KAPLAN R. S. et NORTON D. P., « The Balanced Scorecard: Translating Strategy into Action », Harvard Business School Press, 1996

[48] On pourra citer par exemple le modèle *Input-output-outcome* (IOO) ou Efficacité-Efficience-Economies (3E)

[49] BOYNE G. A. et al., « Public service performance, Perspectives on measurement and management », Cambridge University Press, 2006

[50] « Le tableau de bord de la performance dans le secteur médico-social. Mieux se connaitre et dialoguer sur son territoire. », ANAP, 2016

[51] Schéma d'organisation médico-sociale et départementaux personnes âgées/handicapées

- Le développement de la culture du pilotage au sein des équipes de direction des établissements médico-sociaux.

Si l'ambition de l'ANAP est bien de mesurer la performance interne et externe des établissements, l'agence vise avant tout à développer le dialogue de gestion. En construisant le tableau de bord, elle donne les moyens de pratiquer le dialogue de gestion avec leurs financeurs et au sein de leur propre organisation. Au-delà de la relation tutélaire, il y a volonté d'acculturer les équipes de direction au pilotage de leur établissement. Ce n'est pas un hasard si l'on observe dans la même période un mouvement de professionnalisation de la fonction de direction d'établissements médico-sociaux avec des prérequis réglementaires de plus en plus exigeant en termes de niveau de formation notamment[52].

Cependant, malgré l'impulsion des pouvoirs publics, l'acceptabilité de ses outils au service de la performance apparaît bien difficile sur le secteur médico-social.

Fin 2008, six ans après la loi 2002-02, l'ANESM faisait le constat que la démarche qualité avait pénétré avec difficulté. Près de 40% des établissements médico-sociaux n'avaient pas démarré l'évaluation qualité et à peine 20% d'entre eux avait rempli leurs obligations réglementaires dans ce domaine.

En 2014, près d'une dizaine d'années après son introduction dans le secteur médico-social, le Contrat pluriannuel d'objectifs et de moyens (CPOM) avait un succès extrêmement limité auprès des directeurs d'établissements car jugé trop contraignant par les établissements[53].

Le rythme des réformes a produit de la complexité dans l'environnement même de l'établissement. Il a contraint le Directeur à repositionner son rôle et quitter l'opérationnel pour l'organisationnel. Plus proche des tutelles et de la stratégie, la fonction de directeur s'est profondément transformée pour certains : Il n'est plus aussi visible qu'avant pour ses

---

[52] Décret n° 2007-221 du 19 février 2007 pris en application du II de l'article L. 312-1 du code de l'action sociale et des familles relatif aux modalités de délégation et au niveau de qualification des professionnels chargés de la direction d'un ou plusieurs établissements ou services sociaux ou médico-sociaux

[53] Ibid.

équipes. La recherche et le contrôle de la performance ne semblent n'être que son objectif en réponse à un usager partie prenante active à la vie de l'établissement et une tutelle, garante de l'application réglementaire. En résumé, au côté de Jean-luc Duquesne, les professionnels s'interrogent « en manageant, un directeur trahit-il le médico-social ? »[54].

C'est qu'en règle générale, l'acculturation des acteurs du secteur médico-social pose un certain nombre de questions. Comme le rappelle Bernard Dobiecki [55] « comment moderniser les organisations et les modes d'action en lien avec la commande actuelle tout en sauvegardant les valeurs qui ont organisé ce secteur il y a plus de cinquante ans (…) aujourd'hui rassemblées sous le terme générique mais non (pas) neutre de qualité de prestation de services ? ». C'est bien de ce conflit de valeurs dont il s'agit et qui peut se résumer à travers les éléments de langage propres à ces deux mondes que sont d'un côté celui de la performance et du résultat et de l'autre celui de l'assistance, de l'aide ou de l'accompagnement.

Le secteur médico-social hospitalier est bien dans cette situation de conflits de valeurs. Il reste partagé entre « prendre le train des réformes » et adhérer à la recherche de la performance telle qu'elle est pratiquée sur le secteur MCO depuis plus de dix ans ou « résister » et développer une approche de contingentement en déployant force d'arguments.

---

[54] DUQUESNE J-L, « En manageant, un directeur trahit-il le médico-social ? », Empan, 2010
[55] DOBIECKI B. et GUAQUERE D., « Être cadre dans l'action sociale et médico-sociale », ESF, 2007

III. Les défis du secteur médico-social face au *New public management*

En 2013, le rapport d'Edouard Couty[56] a fait le constat que « les contraintes de la gestion, le mode d'organisation, ont conduit à deux approches différentes de l'hôpital : Une approche strictement économique et gestionnaire qui priorise le volume d'activité et le résultat budgétaire annuel ; Une approche strictement professionnelle et traditionnelle, qui rejette le primat des contraintes budgétaires et exprime parfois une nostalgie des anciennes pratiques. Ces deux approches prennent mal en compte les attentes des patients et n'intègrent pas les enjeux actuels du système de santé ».

Ce constat de quinze années de réformes hospitalières basées sur les principes du *New public management* interroge d'autant plus les professionnels du secteur médico-social que ce dernier n'a pas été construit historiquement sur des notions de performance ou de concurrence mais plutôt de solidarité, de protection sociale et d'humanisme.

Comme le rappelle Michel Chauvière, la « chalandisation »[57] du secteur apparaît comme un mal sans fin qui serait né de la progression de la sphère économique et marchande dans nos sociétés. Sans aller à constater qu'il y a marchandisation, le directeur de recherche au Centre national de la recherche scientifique (CNRS) revendique que « trop de gestion tue le social »[58]. Ainsi, « l'hyper-gestion » et le langage adopté par les responsables dans les établissements médico-sociaux sont deux marqueurs essentiels de cette transformation culturelle du secteur.

L'hyper-gestion se traduit par une culture du résultat qui pousserait les établissements à se faire concurrence pour des ressources budgétaires de plus en plus contraintes par les tutelles. Cette hyper-gestion pousserait ainsi les organismes gestionnaires à la fusion et au regroupement

---

[56] Rapport « Le pacte de confiance à l'hôpital » remis par Edouard Couty, 2013

[57] CHAUVIERE M., « Qu'est-ce-que la chalandisation ? », Informations sociales, 2009

[58] CHAUVIERE M., « Trop de gestion tue le social », La découverte, 2007

d'établissements[59] d'une part, et à considérer la masse salariale comme une variable d'ajustement d'autre part. En adoptant le rôle du gestionnaire, les responsables médico-sociaux semblent « trahir » les valeurs qui ont construit le secteur. En suivant le constat que fait Vincent de Gaulejac sur le monde de l'entreprise, le Directeur médico-social succomberait au chant des sirènes d'un « pouvoir managérial »[60] fondé de plus en plus sur la rationalisation au détriment de la raison et de la pertinence des idées.

« L'intériorisation et l'adoption d'un langage gestionnaire, concurrentiel et financier » par le Directeur médico-social constitue une traduction pour Michel Chauvière de la progression de cette transformation des cultures. L'usager n'est plus seulement une personne à prendre en charge auquel l'établissement doit apporter de la qualité depuis la loi de 2002. Il est également un individu sujet de droits qui transforment la relation de l'usager en client, consommateur de services.

La démarche qualité a introduit des éléments de langage importé des techniques de management des entreprises privées développées dans les années 1990. Par son approche tournée vers la performance, elle a introduit selon l'expression de Vincent de Gaulejac un « syndrome quantitatif aigu »[61] dans les organisations qui l'ont développée. Le « tout quantitatif au service de la performance » vise, selon le sociologue, par les termes employés (et les habitudes qu'elle crée) à façonner les schémas de pensée, orienter les comportements pour mieux légitimer les décisions de la direction. Ainsi, l'arbitraire n'a progressivement plus de place dans l'organisation et les rapports se dépersonnalisent en réduisant *de facto* l'expression des individus.

L'interrogation des professionnels médico-sociaux ne s'arrête pas là. Elle concerne un autre principe du *New public management* : la mesure et l'évaluation de « l'objet ».

Pour certains, le « service » d'accompagnement de la personne dans les structures médico-sociales ne relève ni d'une performance telle que nous

---

[59] Pour les EHPAD publics autonomes ou hospitaliers, le développement des Groupements de coopération sociale ou médico-sociale (GCSMS) ou la possibilité de rejoindre les Groupements hospitaliers territoriaux (GHT) relèvent de cette logique de concentration qui a touché les associations dès le début des années 2000.

[60] DE GAULEJAC V., « La société malade de gestion », Le Seuil, 2009

[61] Ibid

l'avons défini, ni d'un classement entre compétiteurs d'une course aux ressources budgétaires. Il relève de l'utilité sociale et ne peut donc pas s'évaluer au regard de critères de performance mais plutôt de cohésion et de justice sociale. *A contrario*, le secteur MCO des hôpitaux apparaît comme plus compatible à l'évaluation dans le cadre de sa recherche permanente du risque « zéro ». Ainsi, la culture de l'acte, de la traçabilité, des transmissions ou des protocoles est d'autant plus développée que les prises en charge de (très) courte durée doivent nécessairement protéger la vie des usagers tout en étant sécurisantes pour le personnel.

Mais, force est de constater que les réformes hospitalières (et plus particulièrement le passage à la tarification à l'activité) ont poussé les équipes de direction dans un processus d'apprentissage important avec des résultats mitigés. En effet, les trajectoires des patients restent nombreuses, singulières, interdépendantes et, finalement, relativement aléatoires. Les spécialités médicales sont nombreuses et complexes. Le travail des professionnels est difficilement formalisable car il reste sujet à des activités fragmentées à la croisée de multiples processus. Malgré le développement d'indicateurs de performance de plus en plus précis, les directions des hôpitaux ont toujours de grandes difficultés à mesurer les effets directs ou indirects des réorganisations. Ainsi, le développement d'un savoir quasi-scientifique aidée en cela par les outils informatiques et les techniques de gestion ne semblent pas avoir permis de simplifier l'objet et encore moins de le « domestiquer »...

Pour certains professionnels du médico-social, il n'existe pas de prise en charge type pour les résidents puisqu'elle doit être adaptée aux besoins et aux spécificités de sa personne, à son état de santé ou son âge par exemple. Dans tous les cas, elle ne s'inscrit pas dans la même temporalité qu'une prise en charge MCO. Aussi, elle ne peut que se traduire par une absence de normalisation du processus de production de ces services rendant leur évaluation d'autant plus difficile[62]. Enfin, certains objectifs sont intrinsèquement difficilement mesurables car peu quantifiables. Les progrès d'un résident avec des troubles cognitifs en termes de socialisation ou de bien-être en sont de bons exemples.

D'un point de vue organisationnel, les principes du *New public management* peuvent être remis en cause de par la nature même rapport

---

[62] « L'intégration des établissements médico-sociaux dans une démarche d'évaluation est-elle un gage d'une prise en charge de qualité ? », Rapport du module interprofessionnel de santé publique, EHESP, 2011

entre l'administration et les professionnels au sein de la structure médico-sociale hospitalière.

En effet, la théorie des organisations considère que l'hôpital fait partie des organisations professionnelles autonomes[63]. Autrement dit, de par la nature et la technicité de leur activité, les professionnels médicaux s'auto-organisent en fixant les objectifs de l'organisation hospitalière, les administratifs étant responsable d'apporter les moyens pour les atteindre. Par ailleurs, W. Richard Scott constate que les professionnels s'autocontrôlent au sein de l'hôpital limitant de fait les actions de l'administration dans ce domaine. Selon Eliot Freidson, ce constat trouve son explication dans le principe de la « communauté d'égaux »[64]. Le sociologue précise que les professionnels acquièrent des codes de conduite et une capacité de jugement professionnel à partir de leurs (nombreuses) années de formation et qui leur permettent d'exercer ce contrôle par les « pairs ». Il en déduit que toute intervention de la direction d'un hôpital dans les processus opérationnels apparaît de fait comme très limitée pour ces raisons.

A priori, les conclusions de ces analyses pourraient réduire l'intérêt de contrôler la performance opérationnelle d'une organisation médico-sociale hospitalière et donc de développer toute approche du dialogue de gestion qui serait fondée sur une approche rationnelle avec, par exemple, le contrôle de gestion. Néanmoins, en nous appuyant sur l'analyse faite par Michel Foucault[65] du panoptique[66], une approche de dialogue de gestion peut obliger les professionnels médicaux à s'autocontrôler, voire s'auto-discipliner. Ainsi, les professionnels pourraient intégrer (in)consciemment des principes du *New public management* qui apparaitraient, par exemple, contraires à leurs valeurs. La concurrence entre médecins (du privé et du public) en serait un exemple.

Dans la filière gériatrique hospitalière, le constat peut être nuancé.

---

[63] SCOTT R. W. et DAVIS G. F., « Organisations and Organizing », Pearson Prentice hall, 2007

[64] FREIDSON E., « Medical work in America », Yale university, 1989

[65] FOUCAULT M., « Surveiller et punir », Gallimard, 1975

[66] BENTHAM J., « Le panoptique », 1791

Premièrement, le médecin coordonnateur et les médecins traitant peuvent appartenir ou non au personnel hospitalier. Au centre hospitalier A, le médecin coordonnateur est le chef de pôle [67] et les médecins traitants relèvent de l'hôpital. Au centre hospitalier B, le médecin coordonnateur et les médecins traitant pratiquaient au sein de la maison de santé pluridisciplinaire (MSP) voisine.

Dans les deux cas, la relation à l'institution des professionnels est différente. En s'appuyant sur la théorie développée par Michel Crozier et Erhard Friedberg, nous pouvons en déduire que les stratégies comportementales des acteurs de l'institution peuvent être motivées par des intérêts privés qui ne sont pas nécessairement convergents avec ceux de l'institution [68]. Le rapport des professionnels médicaux à une approche de contrôle et de dialogue de gestion sera donc particulièrement influencé par la nature même de leur relation à l'institution et leur intérêt à voir se développer une telle approche.

La deuxième nuance concerne le pouvoir même du médecin au sein d'une structure médico-sociale qui n'est pas orientée (par définition) sur le soin mais plutôt sur l'accompagnement et la fin de vie. La technicité médicale y est moindre et le positionnement du médecin gériatre au sein de la communauté médicale moins reconnu.

Ainsi, le pouvoir du médecin en EHPAD pourrait sembler relativement moins étendu que dans les services MCO. De fait, le rapport de force entre personnel médical et non médical pourrait être plus équilibré. Le temps de présence du médecin dans la structure pourrait constituer une jauge pour mesurer ce rapport de force. Plus le médecin serait dédié à l'unité, plus son pouvoir serait affirmé par rapport au personnel non médical. Même si la « hiérarchie des normes » reste toujours présente entre professionnels du soin, aides-soignants et agents des services hospitaliers, elle revêt une autre dimension de part une influence plus variable des médecins dans les structures médico-sociales.

Aussi, les principes d'évaluation et de contrôle du *New public management* vont être perçus différemment suivant la composition de

---

[67] Le pôle B regroupe l'EHPAD, les soins de suite et de réadaptation (SSR), les unités de soins de longue durée (USLD), les services de gériatrie et de médecine polyvalente ainsi que l'hospitalisation à domicile (HAD).

[68] La théorie de l'incertitude a été développée par Michel CROZIER et Erhard FRIEDBERG dans « L'Acteur et le système », Seuil, 1977

l'organisation et la nature même de ses acteurs. Plus la structure sera orientée « accompagnement » et le pouvoir médical réduit, plus l'approche du dialogue de gestion pourra rencontrer des résistances au changement pour des raisons culturelles. A contrario, plus la structure sera tournée vers le soin et médicalisée, plus l'approche de contrôle par la direction sera perçue comme une ingérence dans les processus opérationnels.

Depuis le rapport de l'IGAS de 1998[69], les formations des directeurs sociaux et médico-sociaux n'ont cessé de gagner en professionnalisation. Ce mouvement s'est rapidement étendu à l'ensemble des professionnels intervenant sur le secteur médico-social personnes âgées. Comme nous l'avons vu précédemment, il s'est accompagné non seulement d'une appropriation du langage mais aussi de changement de pratiques professionnelles. L'inoculation d'une approche qualité s'est développée dans un cadre réglementaire à travers les recommandations de bonnes pratiques de l'ANESM à partir de 2002. Les évaluations internes et externes en ont été la principale conséquence pour les établissements même si cette démarche ait été plus précoce pour les filières gériatriques des centres hospitaliers[70].

Pour Michel Chauvière, le développement de pratiques « néo-managériales » dans le secteur médico-social va contribuer à « vider progressivement la notion de service de son contenu relationnel et solidaire, pour en faire un objet de transaction entre un prestataire et un client »[71]. Le développement des normes réglementaires sur l'évaluation est un exemple de la substitution progressive par les normes réglementaires des principes constituant le sens des professions du social et du médico-social. C'est en imposant le tryptique référentiel-bonnes pratiques- évaluation que les pouvoirs publics ont progressivement transformé les professionnels du secteur en « ingénieurs du social »[72].

---

[69] « La formation des cadres du secteur social : trois écoles en quête de stratégie », Rapport de l'IGAS, 1998

[70] Les EHPAD rattachés à des centres hospitaliers ont bénéficié très tôt des apports des fonctions qualité et gestion des risques mobilisées pour les premières accréditations (1999) puis pour les certifications V2 (2005).

[71] Ibid.

[72] Ibid.

En renforçant le contrôle et la standardisation dans une organisation déjà particulièrement hiérarchisée, les établissements hospitaliers ont progressivement vu se développer une perte de créativité et la promotion d'un individualisme portant atteinte à la solidarité d'équipe.

La capacité d'exécution va dominer dans un système de procédures standardisées où une relation infantilisante avec la hiérarchie va se créer. L'initiative va progressivement disparaître et l'absence de débat ou de non-confrontation va s'instaurer dans des équipes qui tendront à se replier sur elles-mêmes.

Le développement d'une fonctionnarisation (voire d'une contractualisation) du rapport de l'agent au travail en est une illustration. L'abandon progressif de sens collectif, d'entre-aide et de conception « groupale » de prise en charge de l'usager en sont les principales conséquences. Le développement des modèles de fusion/concentration d'hôpitaux ou des « pools » de remplacement sont autant d'explications à la transformation progressive des relations des individus à l'institution. Pour faire écho au concept d'Emile Durkheim [73], l'organisation hospitalière semble avoir changée d'un modèle de société mécanique en modèle de société organique.

Les établissements médico-sociaux rattachés aux centres hospitaliers ne sont pas étanches à cette lame de fonds et subissent *de facto* les mêmes symptômes que les services MCO. Mais c'est bien ce rapport « tayloriste » au travail qui inquiète les professionnels du secteur. En accentuant la pression pour rentrer dans une logique de conformité réglementaire et de recherche du meilleur rapport qualité/prix, les directeurs médico-sociaux prennent le risque d'un délitement de leurs équipes…

L'environnement et l'organisation de l'établissement vont façonner le rapport des professionnels aux principes du *New public management* comme nous venons de le voir. Sur le terrain d'étude, nous verrons que ces principes peuvent trouver un écho bien différent suivant l'historique et le territoire de la structure médico-sociale hospitalière.

---

[73] Le sociologue français, Emile Durkheim, a introduit le concept de société organique dans son ouvrage « De la division du travail social » en 1893.

C'est bien avec cette alchimie que le Directeur va devoir composer pour développer une démarche de dialogue de gestion bénéfique pour l'ensemble des acteurs et au service du projet d'établissement.

Synthèse de la première partie

Ces 20 dernières années, les pouvoirs publiques ont accéléré les réformes sur le secteur médico-social pour faire face à une augmentation de la demande

Dans un contexte budgétaire de plus en plus contraint, les réformes ont visé à améliorer l'offre et l'efficience des acteurs du secteur médico-social

Sous l'égide de l'ANAP et des ARS, les outils promulgués sont fondés sur la recherche de la performance et empruntés à la culture du « *New public management* »

La pertinence de ces outils (déjà utilisés sur le secteur sanitaire) interroge les spécialistes et inquiète les structures médico-sociales hospitalières

Le dialogue de gestion constitue la « pierre angulaire » de cette stratégie sectorielle

Les conflits de valeurs et les résistances « invisibles » représentent des menaces sérieuses au développement du dialogue de gestion

Terrains d'études et diagnostic

I. Présentation des terrains d'étude et méthodologie

Les terrains d'étude sur lesquels démarre notre réflexion sont deux centres hospitaliers. Par souci d'anonymat, nous les appelons A et B et les présentons avec des données descriptives mais non précises. Dans ces deux établissements, des missions de différentes natures m'ont été confiées par la Direction de ces deux établissements. Elles sont le point de départ de la présente étude.

Le centre hospitalier A est un établissement d'environ 2500 agents et médecins[74]. Les capacités de l'établissement sont d'environ 1000 lits et places dont la moitié sur des activités de médecine, chirurgie et obstétrique (MCO). Depuis une décennie, l'hôpital a la particularité de partager avec une clinique privée un bâtiment de plusieurs milliers de mètres carré. Le centre hospitalier et la clinique partagent un certain nombre de spécialités de médecine et de chirurgie ainsi qu'un plateau technique de qualité.

La filière gériatrique de l'hôpital s'est développée très fortement à partir des années 1990. Elle fait partie des filières les plus complètes de sa région puisqu'elle intègre des services de médecine polyvalente et de gériatrie, d'une équipe mobile de gériatrie (EMG), de soins de suite et de réadaptation (SSR), d'une unité de soins de longue durée (USLD), d'un service d'hospitalisation à domicile (HAD) et d'un EHPAD comprenant un Pôle d'activités et de soins adaptés (PASA) et un accueil de jour. Cette filière gériatrique au sens large constitue un des principaux pôles du centre hospitalier. Elle est positionnée sur le territoire, selon son médecin coordonnateur et chef de pôle, comme « spécialisée » dans la prise en charge de résidents atteints de la maladie d'Alzheimer ou de maladies apparentées déments-déambulant ou en état de poly-dépendance.

Le centre hospitalier B est un ancien hôpital local situé à mi-chemin entre deux villes principales du département. Depuis une demi-dizaine d'années, il s'est repositionné sur ses activités de soins de suite et de réadaptation (SSR), d'unité de soins de longue durée (USLD) ainsi que

---

[74] Données bilan social 2015 (Equivalent temps plein – ETP)

d'un EHPAD. Le Centre hospitalier B est associé à une maison de santé pluridisciplinaire (MSP) située à proximité et qui regroupe une vingtaine de professionnels. Un des médecins traitant de la MSP occupe depuis plusieurs années les fonctions de président du Comité médical d'établissement (CME). Des praticiens hospitaliers (dont un dépend du Centre hospitalier A) officient dans l'établissement sur chaque service en tant que médecins coordonnateurs. Depuis plusieurs années, les deux hôpitaux sont en direction commune. Le centre hospitalier B a joué un rôle moteur sur la prise en charge de la fin de vie dans le cadre du projet médical partagé du groupement hospitalier de territoire (GHT). Ses unités d'EHPAD accueillent des résidents de profil similaire à celui des résidents du centre hospitalier A mais dans des sévérités moindres.

Au centre hospitalier A, une mission d'audit m'a été confiée dans le cadre de la préparation et la mise en place de la nouvelle convention tripartite des unités long séjour de l'hôpital. L'audit s'est déroulé en deux temps.

Tout d'abord, en partenariat avec l'Agence régionale de santé (ARS), un *benchmark* a été réalisé sur la base des résultats des enquêtes ANAP de 2015. Cette analyse a permis de comparer l'EHPAD du centre hospitalier A avec une trentaine d'EHPAD rattachés à un centre hospitalier[75]. Les résultats partagés avec la direction et le chef de pôle en charge de la filière gériatrique de l'hôpital ont soulevé certains questionnements.

Dans un deuxième temps, un travail collaboratif avec l'ensemble des parties prenantes intervenant sur l'EHPAD a permis de réaliser un diagnostic de la structure en développant une analyse de causes de dysfonctionnements à partir de symptômes identifiés précédemment. A ce diagnostic, des préconisations ont été recommandées aux trois principaux acteurs décisionnaires sur l'EHPAD, à savoir la direction, le chef de pôle et l'encadrement.

Au centre hospitalier B, la Direction m'a confié la mise en place d'une démarche de dialogue de gestion qui se construira à partir du développement d'outils de pilotage. Elle s'est inscrite dans une logique

---

[75] Les données étaient anonymisées pour des raisons de confidentialité.

managériale plus globale visant le décloisonnement des parties prenantes.

Bien que les deux missions aient un angle d'approche différent de la thématique qui nous intéresse, elle converge dans la finalité du processus puisqu'elles visent à développer une démarche de dialogue de gestion entre des acteurs de natures différentes. Dans les deux cas, elle souhaite (re)mobiliser les équipes et s'inscrit dans une démarche plus large de projet managérial.

L'approche réalisée au centre hospitalier A s'est développée à partir d'une méthode de *benchmarking* et d'audit qui sont des outils, comme nous l'avons vu, très orientés *New public management*. Cette logique a permis l'observation des comportements des acteurs concernés de la direction jusqu'au personnel soignant puisqu'une présentation des résultats a été réalisée à l'ensemble des niveaux hiérarchiques tout au long du processus. La logique au centre hospitalier B a été différente puisqu'elle est partie d'un projet posé par la direction générale. Les parties prenantes ont été « associées » progressivement, par cercles concentriques. Cette co-construction d'outils de pilotage avait l'objectif de favoriser le dialogue entre les équipes et d'assurer une adhésion conjointe aux moyens et aux objectifs de l'exercice.

Considérée comme moins « brutale » par les équipes, elle est également plus longue et demande la construction d'un environnement « sécurisant » en préambule.

Les missions développées sur les deux terrains d'étude ont permis de faire émerger la présente réflexion et de développer le diagnostic et les recommandations présentées dans les prochaines pages.

Complétant mon expérience professionnelle dans le management, la recherche documentaire a permis de poser un cadre adapté aux structures médico-sociales hospitalières.

Ainsi, en plus de la matière « brute » recueillie lors des missions, les éléments d'observation participante et les rapports réalisés ont complété les recherches documentaires et les apports universitaires.

Dans les deux missions sélectionnées, l'interaction avec les acteurs a été continue et a permis de recueillir des témoignages. Le travail avec les équipes favorisait des échanges souvent informels par rapport à la réflexion.

Cependant, pour compléter ce recueil d'informations, des entretiens ont été définis pour préciser certains champs du diagnostic et des préconisations. En support de ces entretiens semi-directifs et directifs, un questionnaire a été rédigé afin de pouvoir couvrir l'ensemble des perspectives des acteurs rencontrés et complété la diversité des points de vue. Il est joint en annexe 2. Un entretien non directif a été mené avec le Directeur. La liste par fonction des personnes entretenues est présente à l'annexe 3 et permettra de donner au lecteur un aperçu des regards croisés sur ce sujet.

Enfin, il a été particulièrement intéressant de pouvoir échanger avec les représentants du personnel et des organisations syndicales des centres hospitaliers ainsi qu'avec des employés du secteur privé ayant appartenu au groupe de Michel Hervé.

II. Les terrains d'étude comportent des similitudes pour développer notre réflexion

Les deux centres hospitaliers A et B ont un certain nombre de points communs qui sont le point de départ de notre réflexion. Nous les présentons à présent.

A- DES PROJETS ARCHITECTURAUX AMBITIEUX

Le centre hospitalier A sous sa forme la plus récente est né il y a une dizaine d'années de la contractualisation d'un bail emphytéotique hospitalier [76] (BEH) dont la nature juridique a pu être source de difficultés pour les établissements hospitaliers français[77]. Le projet de construction a duré plus de cinq années et a été suivi d'une période particulièrement importante en termes de réorganisation de l'activité dans un contexte de contraintes budgétaires fortes[78].

Pour l'EHPAD, un projet ambitieux a visé le regroupement de toutes les unités de vie situées en centre urbain à proximité du centre hospitalier. Deux types de projets architecturaux ont été choisi pour accueillir ces unités.

Le premier type met l'accent sur la proximité entre les résidents et le personnel à travers des unités de 17 places chacune et communicantes deux à deux dans deux bâtiments différents situés à une centaine de mètres l'un de l'autre.

Le second type intègrent 5 unités dans un bâtiment monobloc récent qui abritent des logements sociaux[79]. Situées au 1er et 2ème étage de l'édifice, chaque unité comprend 15 places et communique également deux à deux

---

[76] Pour la définition du BEH, se référer à l'article L6148-2 du Code de la santé publique

[77] Rapport de la cour des comptes du 11 février 2014 - chapitre sur le partenariat public-privé

[78] Le Centre hospitalier A était éligible au Comité interministériel de performance et de la modernisation de l'offre de soins (COPERMO)

[79] Cet édifice comprend également des habitations à caractère social.

à chaque étage. La cinquième unité n'est accessible que par le pallier à l'étage.

Depuis plusieurs années, le centre hospitalier B a également entrepris une rénovation architecturale. Faute de financement, cette dernière n'a pu être finalement menée complètement à son terme. En plus de la rénovation du SSR, le projet a créé un nouveau bâtiment abritant les 3 unités EHPAD du centre hospitalier.

L'architecture en forme d'épi de blé a été retenue pour privilégier la création de petites unités de vie (14 à 15 places) rattachées les unes aux autres par un couloir de taille particulièrement importante. Ce choix architectural tranche particulièrement par rapport à l'architecture de l'ancien bâtiment très emprunte d'Histoire[80].

Les architectures des deux résidences ont mis en avant une volonté de promouvoir une prise en charge plus personnalisée dans des espaces de vie plus resserrés tout en privilégiant le confort avec des chambres privatives de bonne taille.

Cependant, plusieurs constats peuvent être donnés à la suite de ces projets immobiliers :

Les usagers et les professionnels ont exprimé une « perte de repères » suite à l'emménagement dans les nouveaux bâtiments

Comme nous l'indique un cadre de santé du centre hospitalier A, elle s'est matérialisée dans un premier temps par un « chamboulement dans le comportement des usagers qui a bien duré 3 à 6 mois voire plus pour certains d'entre eux ». Puis, progressivement, les professionnels ont ressenti comme « une perte de repères » qui s'est accompagné d'un « malaise » et d'une augmentation rapide des arrêts maladie.
Même constat au centre hospitalier B où, selon la coordinatrice des soins, les équipes « ne se voient plus », « ne peuvent plus s'interpeller pour demander de l'aide » comme c'était le cas dans les salles

---

[80] La création de l'hôpital B remonte au XVème siècle. Cet hospice aux chambres doubles sans douche et aux larges salles communes a été le théâtre de scènes historiques du XVIIIe au XXème siècle.

communes de l'ancien bâtiment. Ainsi, une impression d'isolement est ressentie par les professionnels du au cloisonnement des unités reliées entre elles par « ce très long couloir qu'on devrait faire en patin à roulettes » selon une cadre de santé de l'hôpital B.

L'évolution des prises en charge des résidents dans les EHPAD hospitaliers est de plus en complexe.

Les résidents accueillis ont des profils de dépendance de plus en plus importants. L'évolution des GIR moyens pondérés (GMP) et du Pathos moyen pondéré (PMP) s'est progressivement accéléré sur les deux établissements comme le montre le tableau 1.
Au centre hospitalier B, la renégociation avec les tutelles a confirmé cet objectif dans la convention tripartite signée il y a quelques années. Aux difficultés de perte de repères, s'est accompagnée celle de prises en charge de plus en plus complexes avec des refus de soins ou des chutes de la part des résidents. La proportion des résidents atteints de maladie d'Alzheimer et de maladies neuro-dégénératives de GIR 1 à 3 a augmenté depuis une demi-dizaine d'années.
Au centre hospitalier A, un constat identique prend forme avec des difficultés de prises en charge sur des publics de plus en plus déments déambulant. Le profil des usagers s'est également modifié dans le temps avec une orientation beaucoup plus marqués sur les troubles cognitifs comportementaux aigus.

	GMP		PMP	
	2013	2016	2013	2016
Centre hospitalier A	818	827	215	192
Centre hospitalier B	713	754	164	177

Tableau 1 - Evolution des GMP et PMP par établissement de 2013 à 2016

Dans ce contexte, le rapport au soin et à la prise en charge médicale a pris une autre dimension dans les deux établissements.

Au centre hospitalier B, les équipes qui avaient historiquement une culture sanitaire se voient progressivement « réorienter » sur l'accompagnement de personnes âgées dépendantes. La décision des tutelles de transformer les lits de médecine en places de SSR est vécue comme un « mouvement de démédicalisation de l'établissement » qui annonce un changement culturel et de mentalités selon un médecin du centre hospitalier. Le personnel va ainsi progressivement intégrer le risque d'une « perte d'identité » qui va renforcer un malaise déjà existant.

Au centre hospitalier A, le regroupement des unités de ville sur le même site va permettre, selon l'expression d'un cadre de santé, de « resserrer les liens » qu'avait le corps médical avec les unités EHPAD. Les médecins référents se substituent aux médecins traitant dans un processus « de fait » où l'institution hospitalière prend en charge le parcours patient de son entrée dans l'établissement de santé jusqu'à sa sortie. Le rapport aux soins se précise avec cette relation de proximité et le « pouvoir médical » s'affirme dans l'organisation de la prise en charge[81]. Les équipes soignantes vont perdre en capacité d'initiative et de décision et se sentir « mis sous cloche » par les équipes médicales qui vont rythmer leurs activités quotidiennes par des plans de soins plus médicalisés qu'auparavant.

Les difficultés financières des deux hôpitaux ont commencé à être prononcées suite au programme d'investissements immobiliers.

Les projets de construction ont conduit les établissements A et B à une situation de déficit très importante. Les deux structures médico-sociales de ces hôpitaux ont constaté une dégradation brutale de leur capacité d'autofinancement et une augmentation importante de leur endettement. Avec les mesures correctives menées par la direction, les résultats s'améliorent progressivement dans le temps mais restent très fragiles. En 2015 et 2016, les deux structures étaient déficitaires[82]. Ce constat amène la direction de l'hôpital A à réorganiser les équipes et réduire des postes dès la fin 2015.

Fin 2016, la convention tripartite de l'EHPAD du centre hospitalier A se termine et doit être renouvelée[83]. La renégociation débutée depuis

---

[81] Les commissions d'admission pour le long séjour sont présidées par le chef de pôle qui décide de l'institutionnalisation des résidents ou non.

[82] L'analyse de *benchmark* réalisée au cours de la mission a montré que 3 EHPAD sur les 31 EHPAD rattachés à des centres hospitaliers de l'échantillon étaient en déficit en 2015.

[83] L'arrêté du Directeur Général de l'ARS prévoit la mise en place d'un CPOM à fin 2021 pour les EHPAD du centre hospitalier A.

l'été 2016 conclut à des réductions significatives de postes sur les sections soins et dépendance. Une réorganisation du secteur EHPAD est décidée par la direction début 2017. Elle est communiquée au personnel en même temps que la contractualisation d'un contrat de retour à l'équilibre financier. Comme le souligne un cadre supérieur de santé, « ce fut une surprise pour tout le monde. Rien ne nous avait été signalé. L'an dernier, nous avions même compris l'inverse ».

A partir de fin 2016, la direction du centre hospitalier B commence de son côté une réflexion sur l'organisation des équipes soignantes et de logistique/restauration. L'objectif est de réduire le déficit en retravaillant les maquettes organisationnelles des services.

B- UN PHENOMENE D'USURE DES EQUIPES D'ENCADREMENT ET DE SOINS

Confrontées à cette situation dès 2015, les équipes d'encadrement et de soins des EHPAD des deux centres hospitaliers vont être sollicitées activement par la direction commune. Cependant, cette démarche va s'inscrire dans un contexte déjà difficile pour les équipes comme nous l'avons vu précédemment. « Le rapport au travail et le sens collectif des équipes vont être un peu plus abimés » rapporte un cadre supérieur de santé du centre hospitalier A. Cette « déchirure » va toucher à la fois les encadrants et le personnel non médical.

L'équipe d'encadrement va être affecté par un phénomène d'usure pour plusieurs raisons.

Tout d'abord, la pression pesant depuis plusieurs années sur les équipes n'est pas enrayée malgré des mesures de remplacements du personnel absent pour arrêts maladie. L'encadrement va progressivement souffrir du syndrome de « l'enfermement administratif » consistant à se concentrer sur des activités de gestion d'activité. En sont de bons exemples les projets liés aux contraintes de traçabilité et d'évaluation interne ou de rédaction de nouveaux protocoles, les enquêtes institutionnelles, ou la gestion des plannings des absents.

Une spirale inflationniste s'installe où les projets succèdent aux projets sans jamais avoir le sentiment de les finir comme l'exprime une cadre supérieure de santé : « nous avons toujours plus de projets. A peine fini qu'en voilà un autre, puis un autre. On en lance toujours plus et toujours plus. Mais rien ne va jusqu'au bout vraiment ».

Le sentiment de l'échec pointe. Le ras le bol aussi. « On nous demande de remplir des indicateurs, enquête ceci, enquête cela. Mais, pour les résultats, rien ne nous est communiqué ! » rappelle un cadre de santé.

Avec l'augmentation du taux d'absentéisme, la gestion des remplacements devient la principale activité pour les cadres : « du planning, on ne fait plus que ça (…) Je suis comme une boite d'intérim ».

Comme le précise un autre cadre supérieur de santé, « les cadres [de l'EHPAD] passaient de moins en moins de temps avec leurs équipes et s'en rendaient compte, ça les minait ». Pas assez de temps d'écoute, une distance qui se crée avec les équipes jusqu'à l'isolement, l'encadrant est bien conscient de ces difficultés et du sentiment « de ne pas bien faire son travail ».

Les difficultés sont exprimées auprès de la direction mais, comme l'indique un cadre supérieur de santé d'un autre secteur « ça en restait là. Pas de retour. Rien de concret. Ils avaient le sentiment de parler dans le vide. ». L'incompréhension demeure et le sentiment d'abandon encore plus marqué. Il y a désengagement progressif puis défection des encadrants. Les EHPAD du centre hospitalier A vont être pilotés par la cadre supérieure de santé pendant plusieurs mois sans la présence de cadre de santé sur les 9 unités de vie. Au centre hospitalier B, la coordinatrice de soins va quitter son poste après une période d'arrêt de plusieurs mois entre 2015 et 2016.

Ce phénomène d'usure touche également les équipes dans les unités.

Un climat de défiance semble s'installer entre les cadres et leurs équipes : les encadrants semblaient développer comme « une méconnaissance du travail dans les services » indique un cadre de santé. Et de préciser pour exprimer la relation du cadre et des équipes, « C'est comme si elle était devenue étrangère au service ». Le cadre ne fait face qu'à des problèmes. Impuissant à résoudre les situations et les demandes exprimées par les équipes, « il se retrouve entre le marteau et l'enclume », entre la direction et le personnel, commente un représentant d'une organisation syndicale. Toujours selon lui, le cadre est atteint de gestionite, « un mal qui ronge les hôpitaux depuis la mise en place de la T2A ». L'encadrant apparait comme « l'œil » de la direction qui vient contrôler les équipes en relevant des indicateurs pour la direction ou la tutelle. Il répond aux commandes de la direction et ne semble plus avoir le temps de se préoccuper de ses équipes.

Cette situation contribue à développer un sentiment de dévalorisation pour les équipes non médicales. « On est déconsidéré par l'hôpital qui ne s'intéresse plus à son personnel soignant » confie un cadre de santé. Les échanges au sein des équipes se font de plus en plus rares. Plusieurs mois peuvent passer sans réunions de service et le contact avec la direction semble très lointain[84].

En 2015, le lien avec le reste de l'hôpital semblait bien distendu dans le cas de l'EHPAD du centre hospitalier A. Les équipes ne savent plus ce qui se passe et le bouche à oreille fonctionne. Comme me précise un autre représentant du personnel, à l'absence de « capitaines », s'est ajouté « un manque de boussole » pour les équipes. Le manque d'informations et de communication sur l'état de la situation interroge le personnel qui ne trouve pas de réponses dans les communications qu'ils ont avec les cadres.

Chacun semble s'être replié sur lui-même et le collectif tend à disparaitre également. Des stratégies individuelles ou claniques émergent dans les équipes au détriment de certains agents qui apparaissent de fait encore plus isolés. Une charge mentale de plus en plus difficile à gérer au quotidien affecte les professionnels. Le nombre d'absences augmente dans les services... « La direction n'a pas pris la mesure de ce qui arrivait dans les unités » indique un représentant du personnel. Et de rajouter : « le personnel était en grande difficulté. Il était en souffrance ». Du côté de la direction, le constat est identique « nous n'avons rien vu venir, rien n'a été vraiment anticipé » précise un membre du comité de direction qui fait le constat que « les informations ne remontaient pas. Aucun indicateur n'était passé au rouge ».

---

[84] Au centre hospitalier B, la direction occupe historiquement un bâtiment distinct de celui abritant les EHPAD, USLD et SSR. La décision de déménager a été prise par la direction début 2017 pour « resserrer les liens » avec le corps soignant.

C- Des mouvements sociaux et d'usagers

Les difficultés perçues par les professionnels dans leur quotidien, l'augmentation du nombre d'arrêts maladie, et leur remplacement par des équipes « extérieures » à l'hôpital (intérim, contrats à durée déterminée, contrats d'aide emploi, …) vont se traduire *ipso facto* dans l'évolution de l'absentéisme[85] et le taux de rotation des professionnels[86].

Une instabilité organisationnelle va progressivement s'installer et être le déclencheur de deux phénomènes. Ils seront particulièrement marqués au centre hospitalier A par rapport au centre hospitalier B.

Le premier phénomène concerne les professionnels.

Dans les deux centres hospitaliers, ces derniers vont interpeller la direction au travers de mouvements de grèves et de contestations organisés par les organisations syndicales. Les revendications vont porter sur les conditions de travail du personnel et le manque de moyens suite aux réorganisations des services et à la montée de l'absentéisme. Dans le cas du centre hospitalier A, la direction prendra des mesures (mensualités de remplacement ou postes supplémentaires) visant à « relâcher la pression » lors des rencontres avec les organisations syndicales et le personnel.

Le centre hospitalier B se verra appuyer par l'ARS pour mener un audit sur la qualité de vie au travail par un cabinet externe...

Le second phénomène va toucher les usagers et leurs familles.

Au centre hospitalier A, le public accueilli comporte à près de 90% des personnes ayant des troubles cognitifs comportementaux majeurs qui trouvent leur origine dans le développement des pathologies comme

---

[85] En 2016, les centres hospitaliers A et B avaient un taux d'absentéisme de respectivement 14 et 12%. Pour le centre hospitalier A, le taux d'absentéisme était de 12% en 2015. Il dépassera les 17% à l'été 2017.

[86] Après avoir atteint 40% en 2015, le taux de rotation des EHPAD du centre hospitalier A va être de 22% en 2016.

Alzheimer, Parkinson, démence à corps de Léwy (DCL) ou paralysie supra-nucléaire progressive (PSP).

L'instabilité organisationnelle du fait de l'arrivée de nouveaux soignants ou les perturbations de leur rituel de vie, par exemple, stimulent leurs troubles comportementaux et génèrent des états d'extrême nervosité et anxiété. La contagion entre les usagers d'une même unité de vie amplifie ce phénomène. Cette première étape met les équipes soignantes en plus grande difficulté et peut contraindre les équipes médicales à des prescriptions de neuroleptiques ou anxiolytiques. Cependant, dans un deuxième temps, l'augmentation de la consommation de ces médicaments a des effets secondaires provoquant des symptômes extrapyramidaux chez les résidents atteints de maladies neuro-dégénératives. La conséquence directe de ces effets secondaires est la chute[87].

Durant les deux étapes décrites, les familles d'usagers vont constater les changements d'humeur et de comportement de leur proche. Ils verront les conséquences de l'état général de leur proche en termes de chutes et d'hospitalisations [88]. Après interpellation des équipes soignantes impuissantes, les familles se retourneront sur la direction de l'établissement pour manifester leur mécontentement et l'absence d'informations transmises par les professionnels de l'institution. Des rencontres et des réunions de concertation avec les familles seront mises en place par l'équipe de direction afin de « laisser les familles s'exprimer » et « prendre en compte leurs doléances » pour apporter une réponse adaptée.

Comme le précise un membre de la direction, « nous n'avions pas anticipé le problème et la situation est devenue très vite incontrôlable ». L'absence d'alertes sur l'évolution de la situation est l'une des « principales causes », selon lui, du manque de réactivité de la direction face à la crise.

---

[87] Sur le centre hospitalier A, le nombre de chutes a progressé de plus de 35% entre 2014 et 2016.

[88] Le nombre d'hospitalisation triplera entre 2013 et 2016 à l'EHPAD du centre hospitalier A.

D- Un dialogue de gestion en reconstruction entre la direction, les personnels encadrant et médicaux

Le centre hospitalier A a développé dès la mise en place des ordonnances de 2005 un dialogue de gestion entre les professionnels de santé et la direction. Comme le fait remarquer un cadre supérieur de santé, « l'établissement était de ce point de vue plutôt en avance par rapport aux autres établissements de la région, y compris le CHU [du GHT] ».

Ainsi, le dialogue de gestion se tenait sous la forme de rencontres entre les administratifs et les professionnels de santé pour « poser les bases d'un échange sur toutes sortes de sujets ». Il se faisait à deux niveaux : au niveau des Conseils de pôles en présence du chef de pôle, des chefs de service et des cadres supérieurs de santé et au niveau des Conseils de service avec le chef de service, le cadre de santé et le personnel non médical.

Comme le décrit un représentant du personnel, au niveau du pôle, les enjeux étaient « plus politiques et donnaient lieu à des luttes de pouvoir entre médecins de pôle » portant sur l'allocation de ressources en formation notamment. Les indicateurs revus portaient principalement sur l'activité, les ressources médicales et non médicales, la consommation du budget formation et de l'absentéisme. Le personnel non médical était en retrait précise le représentant du personnel car « les informations étaient trop techniques pour eux et ne leur parlaient pas ». En revanche, au niveau du service, les « échanges étaient plus orientés sur les difficultés quotidiennes » et nettement plus « porteurs de sens pour le personnel » selon lui. La participation et les prises de parole des soignants étaient « nettement plus courantes » car les sujets étaient concrets et intéressants pour eux renchérit un autre représentant du personnel.

Ce processus s'est développé de manière hétérogène à l'hôpital A. Il a été progressivement abandonné avec le projet de construction du nouveau bâtiment qui a, selon le représentant du personnel, « phagocyté toutes les ressources de l'hôpital pendant plus de 3 ans ». Depuis, il n'a pas été « réactivé » par les équipes de direction…

Cette décision naît de multiples raisons dont la volonté pour la direction de l'établissement de redévelopper une relation de confiance avec le corps médical et les encadrants du personnel non médical.

Développer une approche de dialogue de gestion, c'est tout d'abord « créer un climat de contrôle et de surveillance dans l'institution » indique un membre de la direction. « Le contexte ne s'y prêtait pas puisque nous recherchions à développer une dynamique positive en développant l'attractivité et l'activité de l'établissement » précise un cadre supérieur de santé. Un autre membre de la direction ajoute que « développer un système de contrôle de gestion performant peut être très coûteux pour des résultats relativement médiocres ». Enfin conclut un autre membre de la direction, « les bénéfices des réorganisations ne peuvent pas être mesurés directement. La performance doit être vue globalement au niveau de l'établissement ».

Pour le Directeur de l'établissement, « responsabiliser les professionnels » fait partie du projet managérial de l'établissement et « la direction ne peut pas tout décider à son niveau ». Pour un membre du comité de direction, le dialogue de gestion « c'est un cadre, des outils et un pilotage institutionnel ». Dans le cadre, on y met les personnes participantes ou la gouvernance, par exemple. Les outils sont essentiellement les indicateurs et les tableaux de bord. Le pilotage institutionnel, c'est le projet managérial avant tout. Il ajoute : « La tonalité du management vient du patron mais si la conscience du management n'est pas présente avec la direction, alors il doit y avoir un système de compensation ou de substitution si nécessaire ».

Car l'enjeu repose bien sur l'analyse des dysfonctionnements. C'est bien sur le niveau de gestion opérationnel que le manager doit s'appuyer pour développer une recherche des causes de dysfonctionnements.

Par exemple, lors d'une crise, il y a non seulement reprise de contrôle de situation (« action-réaction ») mais également une réflexion sur les causes structurelles avec la clarification du processus, un questionnement sur les rôles et responsabilités des acteurs etc. Le dialogue de gestion permet de mettre les acteurs dans cette situation selon ce membre de la direction.

Jusqu'à fin 2016, un processus de dialogue de gestion sur l'établissement n'était pas mis en place et les démarches de contractualisation avec les pôles n'avaient pas abouti[89]. Début 2017, la négociation avec l'Agence régionale de santé d'un contrat de retour à l'équilibre financier va relancer les démarches de dialogue de gestion et de contractualisation d'objectifs et de moyens avec les pôles. L'EHPAD est intégré dans le dialogue de gestion au niveau du pôle qui reprendra un format identique à celui des Conseils de pôle quelques années auparavant.

Cependant, un cadre supérieur regrette que « cet outil de pilotage [le dialogue de gestion] soit mis en place en situation de crise par la direction » car il est « mal vécu », « culpabilisant » pour les personnels médicaux et non médicaux. La mobilisation des acteurs est rendue « d'autant plus difficile que ce n'est pas la culture de l'établissement » où « tout ce qui est règle [pour les praticiens] est contrainte ». Un cadre nous éclaire un peu plus « le pouvoir médical ici est extrêmement fort. La culture, ici, c'est « je m'oppose ». Cela ne concerne pas seulement l'ouvrier des chantiers navals ! »

La démarche choisie par la direction dans les services MCO et SSR est axée sur le nombre de séjours, la durée moyenne de séjour (DMS) et l'Indice pondérée de durée moyenne de séjour (IPDMS). Pour l'EHPAD et l'USLD, le taux d'occupation est l'indicateur phare.

Les tableaux de bord publiés par le contrôle de gestion ont des illustrations sous forme de « gommettes »[90] selon l'expression d'un praticien qui précise : « La démarche est infantilisante et simpliste. Elle ne prend pas en compte des indicateurs de qualité, par exemple, qui nous parlent, à nous, personnel soignant ». Pour une cadre de santé, il y a déficit non seulement de « prérequis » mais aussi de « préparation ». Les objectifs chiffrés sont présentés aux praticiens en réunion et sans « argumentation ». « L'intention de la direction n'est pas claire » selon un médecin gériatre. Un cadre ajoute « la direction concentre le feu sur la gestion et pas l'usager. Pour les médecins, ça parle peu ». Les informations données sont insuffisantes pour déclencher une adhésion

---

[89] Les pôles étaient informés par le contrôle de gestion de leur activité une à deux fois par an. La délégation de gestion avec les pôles porte aujourd'hui sur les budgets formation du personnel.

[90] Les pictogrammes du soleil, du ciel bleu, nuage gris et orage rouge représentent l'état de la situation du service au regard des objectifs d'activité.

pour des praticiens qui ne peuvent s'identifier au constat car il n'y a pas assez d'explications. Pour un autre médecin gériatre, « les données ne peuvent être isolées de leur contexte. Il y a 10 ans, je faisais en moyenne 25 visites de patients le matin. A présent, j'en fais 10 au maximum. Les cas sont de plus en plus complexes et les poly-pathologies légion ! » La logique de l'indicateur reposerait sur deux types de critères selon lui : les « garde-fous » et « les explications ». Le premier viserait à éviter des dérives de pratiques médicales au service du « tout gestion » et le second développerait une approche constructive autour d'une recherche de causes de dysfonctionnements identifiés. « Aujourd'hui, je n'en vois aucun des deux vraiment » conclut-il.

Les Conseils de service ne sont pas encore mis en place même si « on en aurait vraiment besoin » selon une aide-soignante représentante du personnel. « Le personnel a besoin d'échanger sur ce qui ne va pas pour trouver des solutions, créer du collectif ». Elle met en avant également la nécessité de relier « ce qui se passe et se dit » dans les Conseils de service avec les Conseils de pôle et les organes de gouvernance de l'établissement. Pour un cadre, « le service, c'est le bon niveau mais cela dépend de la dynamique entre le cadre et le chef de service ». Les informations doivent être montantes et descendantes entre la base et la direction. Echanger ces informations permettrait de « donner du sens » aux agents en liant le projet d'établissement et les projets de service[91]. « Mais, au final, les agents ont besoin de discuter sur ce qui les touche au quotidien. Le reste, ils s'en fichent » conclue-t-elle en soupirant. Pour un collègue de la même organisation syndicale, la « démarche se heurtera à l'individualisme ». Prenant en exemple la mobilisation des agents lors des appels à la grève, il note que « l'on vient pour prêcher sa paroisse ». Il ajoute qu'il y a « une véritable défiance des agents vis-à-vis de l'institution. Avant, ils revenaient spontanément sur leur temps de repos pour être aux réunions. Aujourd'hui, ils ne se sentent plus concernés. Chacun fait ses petites choses et puis rentre chez lui... ».

---

[91] Pour les deux centres hospitaliers, les projets d'établissement EHPAD et les projets d'unités n'ont pas été mis à jour depuis plusieurs années.

Le « désenchantement hospitalier »[92] n'est pas nouveau mais en tout cas, il ne semble pas avoir disparu… « Si seulement on pouvait intéresser les agents, les motiver à participer… » regrette le représentant syndical.

Au centre hospitalier B, le dialogue de gestion n'a pas eu la possibilité de se développer ces dernières années. Plusieurs arguments « bloquant » sont avancés par la direction comme la taille de l'établissement, la direction partagée avec un autre établissement[93], le déficit de personnel administratif pour mener la démarche, la volonté médicale de participer à ce type de rencontres ou encore l'incompatibilité avec la philosophie de management de la précédente équipe de direction qualifiée de plus « directive ».

Aussi, pour la direction du centre hospitalier B, le dialogue de gestion doit être mise en place dans le cadre des missions confiées et doit s'intégrer dans une démarche de décloisonnement entre les acteurs.

---

[92] « Le désenchantement hospitalier » est l'expression utilisé par le député René Couanau, auteur du rapport parlementaire sur l'organisation interne de l'hôpital, 19 mars 2003

[93] Antérieurement, le centre hospitalier B avait une direction commune avec un centre hospitalier spécialisé à proximité

III. Validation de nos hypothèses de départ

Au vu des éléments présentés, nous pouvons revenir sur les hypothèses émises en introduction de notre analyse et en valider la teneur :

Hypothèse n°1 : *Les structures médico-sociales des centres hospitaliers ne sont pas prédisposées au dialogue de gestion et au passage à une logique de contractualisation fondée sur des indicateurs de performance.*

Nous pouvons valider cette hypothèse en apportant la nuance suivante. Si la culture médico-sociale ne se prête *a priori* pas au dialogue de gestion et à la contractualisation d'objectifs et de moyens, les établissements EHPAD rattachés à des centres hospitaliers ont développé une sensibilité « institutionnelle » depuis les ordonnances de 2005. Elle reste un atout pour dépasser les barrières culturelles du secteur plus facilement que la plupart des EHPAD publics autonomes.

Hypothèse n°2 : *L'absence d'indicateurs ne contribue pas à un dialogue social apaisé et soulève plus d'incertitudes parmi les acteurs qui tendent à développer des stratégies propres.*

Cette hypothèse est validée à partir des entretiens menés et de l'observation réalisée durant les missions développées sur le terrain.

Hypothèse n°3 : *Développer le dialogue de gestion nécessite d'avoir des outils facilitants et les plus adaptés à la réalité du travail du personnel.*

Cette hypothèse est validée à partir des conclusions des missions confiées.

Hypothèse n°4 : *Le dialogue de gestion relève plus d'une philosophie managériale que d'un outil de management.*

Nous pouvons valider cette hypothèse en prenant en compte le diagnostic établi.

Hypothèse n°5 : *Le dialogue de gestion est un outil de communication pour mettre en œuvre une stratégie d'établissement permettant de (re)créer un « sens collectif » favorisant le dialogue social.*

Nous pouvons valider cette hypothèse à partir des entretiens menés et de l'observation réalisée durant les missions réalisées.

Synthèse de la deuxième partie

Les centres hospitaliers A et B sont les terrains de notre étude car ils comportent des similitudes permettant de développer notre analyse

Une nouvelle architecture immobilière, des difficultés financières, une prise en charge de plus en plus complexe des usagers sont autant d'éléments qui ont dégradé les relations de la direction avec le personnel et les familles des usagers

Peu développée dans les deux établissements, la démarche de dialogue de gestion est redynamisée sous l'impulsion de la direction commune

Les hypothèses de départ de notre étude sont validées à travers la méthodologie choisie et les réalisations des missions confiées

Le diagnostic, un élément préalable indispensable pour mettre en place la démarche de dialogue de gestion

I. Construire un diagnostic fiable et objectif

La mise en œuvre d'une démarche de dialogue de gestion passe par un diagnostic préalablement mené par le Directeur.

Cette phase de diagnostic permettra de dresser une cartographie synthétique de type Forces-Faiblesses-Opportunités-Menaces de l'environnement dans lequel cette démarche va s'intégrer.

Le Directeur pourra s'appuyer sur les conclusions du diagnostic pour développer sa feuille de route et en mesurer les risques.

Cette phase de diagnostic pourra être plus ou moins spécifique selon le contexte de l'établissement hospitalier.

Le Directeur s'appuiera pour construire le diagnostic de l'ensemble des documents à disposition dans l'établissement.

Ceux-ci lui permettront d'apprécier l'état des lieux de la démarche et le cadre managérial et de gouvernance dans lequel elle peut s'inscrire. Les entretiens formels et informels avec le personnel et les encadrants complèteront cette approche.

Cependant, il n'en demeure pas moins que l'articulation du diagnostic pourra se faire généralement sur plusieurs niveaux.

Nous pouvons étudier à présent les différents axes d'analyse pour construire un diagnostic fiable et objectif.

A- La culture de l'etablissement, son histoire et celle du territoire dans lequel il s'inscrit

Dans ce cadre, on s'attachera à bien identifier le rapport entre les caractéristiques propres de l'établissement et les principes qui sous-tendent le *New public management* comme l'efficience ou la mesure de la performance.

Comme nous l'avons identifié précédemment, l'ancrage médico-social de l'établissement et de ses professionnels sera un facteur important pour apprécier l'acculturation nécessaire de la démarche et éviter les « résistances invisibles ».

L'appartenance du centre hospitalier A à un territoire de contestation et de lutte ouvrière est un facteur important à prendre en compte en termes de résistances à une quelconque démarche de dialogue de gestion.

On peut souligner que, dans le cas du centre hospitalier A, le fait que l'établissement ait contractualisé un bail emphytéotique hospitalier (BEH) renforce cette forme de résistance à entrer dans une démarche de pilotage et de gestion « au profit des actionnaires d'une société du CAC 40 »[94]. Depuis plusieurs années, le centre hospitalier A a « vécu » des vagues successives de restructurations. C'est toute cette histoire que le Directeur va devoir assimiler dans la démarche même de management.

Pour les établissements A et B, elle constitue donc une faiblesse.

Les récentes évolutions de l'offre de services de l'établissement, comment elles ont été expliquées par la direction et comprises/vécues par le personnel, pourront également être des indices d'appréciation utiles pour affiner cette approche. En tout état de cause, la démarche de dialogue de gestion devra « résonner » pour les futures parties prenantes.

Si la culture de l'établissement est historiquement sanitaire comme c'était le cas pour le centre hospitalier B, alors la qualité et la technicité des soins seront une des portes d'entrée. Aussi, la place de « l'inconscient collectif » ne doit pas être sous-estimée en première instance par le Directeur dans son diagnostic.

---

[94] La grande majorité des établissements de santé en partenariat public-privé ont signé un contrat avec un des principaux spécialistes français de la construction et de la concession de grands ouvrages.

Les rapports d'activité et les projets d'établissement des précédentes années pourront éclairer *a priori* les caractéristiques historiques et culturelles de la structure médico-sociale. Mais ceux ne sont pas les seuls et ils ne remplaceront jamais les entretiens et les échanges avec le personnel.

Ainsi, le contexte dans lequel s'inscrit la démarche reste essentielle car il conditionne les *a priori* et les perceptions qu'auront les professionnels par rapport aux outils et à leur finalité.

Apprécier ce contexte permettra de mesurer la marge de manœuvre et de compatibilité entre les principes du *New public management* et de la culture d'établissement qui, on le rappelle, appartient au secteur sanitaire et médico-social.

B- La situation conjoncturelle de l'etablissement

A partir de l'observation réalisée sur les établissements A et B, nous avons pu identifier qu'une situation de crise (ou perçue comme tel par le personnel) pouvait représenter une opportunité dans la mise en place d'une démarche de dialogue de gestion.

Une fusion d'établissements ou un changement réglementaire comme la mise en place de la tarification à l'activité pour les structures médico-sociales personnes âgées[95] peut tout autant constituer une opportunité.

Ces situations conjoncturelles permettent apparemment de créer une contrainte externe qui semble s'imposer à l'établissement et à ses acteurs. Elle n'est pas seulement prétexte à revisiter les organisations ou les pratiques des professionnelles. Elle demande souvent une réaction collective car elle représente un risque pour l'indépendance et, en quelque sorte, la survie de l'établissement.

Si cette situation semble favorable pour « mettre en marche les troupes », il convient de noter que sa pérennité peut être mise à mal par les acteurs eux-mêmes.

Aussi, il serait souhaitable d'entendre aussi les retours que nous en ont fait les cadres de santé notamment. Une situation de crise constitue une opportunité mais ne peut se suffire à elle-même. En effet, le « sentiment de colmatage permanent » peut nuire à la démarche et être contreproductive.

Par ailleurs, elle comporte bien intrinsèquement une part de risque qui est liée au rejet de la démarche car résultante à proprement parler de la crise elle-même ! Ainsi, l'adhésion des acteurs pourrait être limitée car ces derniers ne se reconnaitraient pas dans la situation elle-même et les conséquences qu'elle induit sur leur état.

Par exemple, sur l'EHPAD de l'établissement A, les personnels médicaux et non médicaux ne comprenaient pas pourquoi les budgets alloués par l'ARS diminuaient dans la mesure où les conditions de prise

---

[95] Décret n°2016-1814 du 21 décembre 2016

en charge n'avaient pas été modifiées depuis l'autorisation de la construction de la nouvelle résidence et de la réhabilitation des anciennes petites unités de vie. Pour le personnel, il y avait bien eu agrément par les tutelles du projet architectural et de ses conséquences en termes d'encadrement de moyens humains [96]. Revenir sur cette décision par une baisse des ressources dans le cadre de la convention tripartite était bien considérée comme une injonction contradictoire par le personnel.

Ainsi, une situation conjoncturelle propice à la démarche de dialogue de gestion ne peut signifier une complète adhésion de la part des parties prenantes.

Il sera nécessaire d'être attentif au décodage de cette situation par les acteurs pour favoriser la mise en place d'une démarche de dialogue de gestion constructive et pérenne.

---

[96] Les petites unités de vie par « construction » ne favorisent pas la mutualisation du personnel. Les exigences réglementaires en ratio d'encadrement personnel/résidents définissent des seuils minimaux incompressibles pour les directions des ressources humaines.

C- LE MANAGEMENT ET LA GOUVERNANCE DE L'EQUIPE DE DIRECTION

Une des grandes difficultés du diagnostic reste l'appréciation du projet managérial de l'équipe de direction. Objet aux multiples définitions[97], le management peut apparaître flou et insaisissable *a priori* comme nous le rappelle Jean-Pierre Le Goff [98] : « Le management est une notion globalisante et floue. Elle peut désigner les fonctions de direction, être synonyme d'organisation du travail, de mobilisation et de gestion de la « ressource humaine », ou plus largement encore englober de façon syncrétique la quasi-totalité des activités de l'entreprise qui ne se rapportent pas directement à la technique : gestion quotidienne des aléas de tous ordres survenant dans un service ou un atelier, encadrement et mobilisation d'une équipe, relations avec d'autres secteurs de l'entreprise, organisation et gestion de son temps, voire gestion budgétaire... ».

Cependant, des éléments tangibles existent et permettent de se faire relativement rapidement une idée de la philosophie de management mise en place dans l'établissement. Par philosophie de management, nous retiendrons la vision synthétique développée en 1967 par le psychologue américain, Rensis Likert, dans son ouvrage « *Human organization : its management and value* » [99].

Tout d'abord, la gouvernance institutionnelle permet d'apprécier les interactions entre les acteurs et le climat général de l'établissement. Les questions abordées et les décisions prises au cours des instances avec les

---

[97] On parle volontiers de management stratégique ou opérationnel, management de projets ou par la qualité, management participatif ou directif... Toutes ces notions englobent des dimensions complémentaires qui ont été théorisées par la sociologie des organisations ou la psychosociologie.

[98] J-P LE GOFF, Les illusions du management, 1993

[99] R. Likert a théorisé quatre styles de management : a) Management directif ou autoritaire b) Management persuasif ou paternaliste c) Management délégatif ou consultatif d) Management participatif ou d'ouverture.

représentants du personnel[100], les usagers[101] ou l'équipe de direction élargie[102] illustreront ces aspects.

Pour les structures médico-sociales de centres hospitaliers plus importants, il sera d'ailleurs intéressant de faire le lien avec des documents comme le projet social ou le document unique pour voir la dynamique des partenaires sociaux sur des sujets primordiaux pour les agents à savoir les conditions de travail.

La gouvernance managériale est également une autre clef de lecture utile dans le diagnostic.

La fréquence et la durée des réunions de l'équipe de direction, des réunions d'équipes au sein de chacune des directions ou des réunions d'encadrants avec les agents seront également des éléments d'appréciation du dialogue social au sens large. Le format, le contenu et la traçabilité de ces échanges sont des éléments permettant d'apprécier la fluidité des informations (descendantes et ascendantes) au sein de l'organisation et le liant entre les différents niveaux hiérarchiques.

« Impulsé par le patron » de l'hôpital, la philosophie de management se soumet aux principes de verticalité et d'horizontalité.

Par verticalité, il est compris que si l'impulsion initiale provient du Directeur général, elle ne peut atteindre la « base » que parce que chaque niveau intermédiaire répercute cette impulsion au niveau hiérarchique inférieur.

Par horizontalité, il est entendu que chaque « pair » de l'équipe de direction en partage les valeurs de telle manière que l'ensemble des équipes de l'établissement soit en cohérence avec l'impulsion initiale.

---

[100] Comité technique d'établissement (CTE) ou Comité d'hygiène, de sécurité et des conditions de travail (CHSCT)

[101] Conseil de vie sociale (CVS) ou Commission des usagers (CDU)

[102] Directoire ou Comité de direction

Enfin, la présence de documents formalisés mettant le projet managérial au cœur des valeurs de l'établissement complètera l'éclairage qui aura pu être réalisé jusqu'à présent.

Ainsi, une charte de management responsable ou tout autre document incitant les agents de l'établissement à un comportement bienveillant les uns envers les autres et à l'égard des usagers pourra donner une indication précieuse du style de management promu au sein de l'établissement.

L'ensemble de ces éléments (non exhaustifs) permettront d'apprécier si l'environnement organisationnel favorise ou non une participation volontaire et valorisante pour les agents qui seront acteurs dans la démarche de dialogue de gestion.

D- LE « SENS COLLECTIF » OU L'ESPRIT D'APPARTENANCE AU GROUPE

L'attachement des agents à l'établissement et au travail en équipe est un des principaux points de satisfaction mis en avant par l'audit organisationnel mené pour le compte de la direction du centre hospitalier B. La volonté des agents à comprendre et sortir d'une situation de crise constitue également une force que nous avons diagnostiqué dans la mise en place du dialogue de gestion sur les centres hospitaliers A et B.

Dans le cadre d'un diagnostic, il convient de prendre garde à reproduire de telles conclusions *ipso facto* sur d'autres établissements. En effet, l'attachement des agents peut trouver son origine à partir de multiples raisons qui vont de la culture de l'établissement et son empreinte territoriale à des considérations d'emploi et de situations personnelles.

Il est intéressant d'observer que plus l'établissement sera éloigné de par sa position géographique d'un autre établissement (de taille au moins équivalente), plus les alternatives d'emploi et de mobilité inter-établissements seront réduites.

Pour illustrer le propos, il convient de noter que le taux de rotation des cadres de santé sur l'établissement A était moindre comparativement à celui de B même si l'insatisfaction exprimée paraissait au moins équivalente. Ainsi, si l'établissement est à proximité d'un centre hospitalier universitaire ou appartient à un territoire dont le marché de l'emploi est particulièrement dynamique, il sera difficile de considérer a priori l'attachement des agents à l'établissement comme une force et non comme une menace voire une faiblesse.

De nouveau, rencontrer les acteurs permettra de se faire une idée plus précise des motivations et des contraintes que peuvent avoir les agents qui travaillent dans l'établissement. L'appréciation des enjeux de pouvoirs entre les différents acteurs présents dans la structure sera importante pour mesurer le degré d'adhésion (ou de « sabotage ») potentiel des personnels médicaux ou non médicaux dans la démarche. Nous ne reviendrons pas plus en détail sur cette analyse qui a été développée précédemment.

Cependant, quels ques soient les objectifs personnels que pourront avoir les agents, leur satisfaction minimale sera liée, entre autres, aux conditions de travail comme l'ont montré les travaux du psychologue américain, Frederic Herzberg[103].

Ainsi, le diagnostic poursuivi par le Directeur devra être sensible aux éléments d'insatisfaction du « quotidien » et à tous ceux qui font sens pour le personnel soignant[104]. De même, au même titre que la relation avec ses subordonnés ou ses pairs fait partie des « facteurs d'hygiène », la relation à sa hiérarchie constitue un élément de démotivation potentielle selon Herzberg. Nous pouvons donc relier d'ores et déjà ce constat avec le diagnostic établi précédemment sur le management et la gouvernance.

C'est à partir de ces informations qu'une démarche de dialogue de gestion pourra trouver sous certaines conditions écho auprès du personnel.

---

[103] Dans « The motivation to work » (1959), Frederic Herzberg, Bernard Mausner et Barbara B. Snyderman, distinguent les facteurs de motivation ou « intrinsèques » (accomplissement, reconnaissance, responsabilités etc) des facteurs de démotivation ou « d'hygiène » (conditions de travail, relations inter-personelles, salaires etc)

[104] Dans le cadre de la réorganisation des EHPAD du centre hospitalier A, l'approche se fera au travers des « irritants » ou « dysfonctionnements » qui seront identifiés par les équipes.

E- L'ETAT DES LIEUX DE LA DEMARCHE DE DIALOGUE DE GESTION

Si une démarche de dialogue de gestion a déjà été entreprise au sein de l'établissement, il est souhaitable de pouvoir en observer les « traces » lors du diagnostic.

L'existence et la qualité des processus et outils de pilotage permettra de définir le degré de maturité de la structure. Le volume des données produites et exploitables au sein des établissements médico-sociaux hospitaliers constituent une force au regard de la démarche de dialogue de gestion. En effet, la transformation de données en informations, même si elle reste un enjeu, demeure accessible au vu de la maturité des processus qualité et des systèmes d'information existants.

Ce point est un avantage particulièrement saillant pour les structures médico-sociales rattachées à des centres hospitaliers dont les démarches qualité sont particulièrement abouties. La construction d'outils de mesure de la performance n'en sera donc que plus facilitée.

Cependant, au-delà de la présence de tableaux de bord et de la production d'indicateurs, l'appropriation de ces outils par les acteurs eux-mêmes sera également à prendre en compte et à replacer dans la perspective du diagnostic réalisé sur la gouvernance et le projet managérial de l'établissement.

Ainsi, des indicateurs de performance n'auront pas la même signification pour les acteurs si le management est directif ou s'il est participatif. Nous avons vu d'ailleurs que, pour la direction du centre hospitalier B, le style de management directif de la précédente direction avait été un frein au déploiement d'outils de pilotage dans le passé.

Par ailleurs, il conviendra de faire attention à des éléments qui pourraient apparaitre positifs *a priori* alors même qu'ils peuvent être trompeurs.

Par exemple, la constitution et le nombre de groupes de travail ne suffisent pas à appréhender le degré d'implication des agents à résoudre des problèmes identifiés dans certaines thématiques.

En effet, comme nous l'avons observé sur nos terrains d'étude, les groupes de travail peuvent parfois se démultiplier sans réussir à s'intégrer dans une véritable démarche projet [105] cohérente pour les équipes. Ils se révèlent alors désorganisant et démotivant pour les équipes. Ils peuvent également créer un climat de défiance vis-à-vis de la direction et des actions qu'elles proposent. Le « rendu » de ces groupes restera donc un élément d'appréciation de la capacité collective à être mobilisée, réussir à proposer des pistes d'actions/résolutions et à les mettre en œuvre avec succès. Ainsi, la capacité à documenter et donc, communiquer les résultats obtenus permettra d'ores et déjà de se faire une idée de la circulation et de l'exploitation de l'information au sein de l'organisation étudiée.

Enfin, pour compléter l'analyse sur une démarche de dialogue de gestion précédemment conduite, il pourra être mené des entretiens de retour d'expériences avec les parties prenantes. Ceux-ci permettront de définir les améliorations attendues, les causes de l'échec ou encore les freins qui pourraient expliquer les raisons pour lesquelles la démarche n'a pas pu être mise en place. Comme nous l'avons vu au centre hospitalier A, le dialogue de gestion avait été mis en œuvre presque une dizaine d'années auparavant. Certaines caractéristiques étaient appréciées, d'autres moins. C'est l'ensemble de ces informations qu'il conviendra de collecter dans le cadre de ce diagnostic.

---

[105] On rappelle qu'un projet est, par définition, fini dans le temps. La définition de l'Institut de gestion de projet est la suivante « un *projet* est une entreprise <u>temporaire</u> décidée dans le but de créer un produit, un service ou un résultat unique ». Il se traduit par un objectif à atteindre avec des moyens et dans un calendrier déterminé.

II. Développer le dialogue de gestion et analyse Forces/Faiblesses/Opportunités/Menaces

Développer une démarche de dialogue de gestion pérenne et efficace est l'ambition de la direction commune des centres hospitaliers A et B.

Cependant, la mise en œuvre d'une telle démarche de dialogue de gestion passe par un diagnostic préalable qui revêt plusieurs dimensions comme nous venons de le voir précédemment. La synthèse du diagnostic pourra prendre la forme d'une cartographie SWOT[106] ou FFOM (Forces, Faiblesses, Opportunités et Menaces) qui présentera synthétiquement l'environnement dans lequel cette démarche va s'intégrer.

Le Directeur pourra s'appuyer dessus pour développer sa feuille de route et en mesurait les risques. Cette phase de diagnostic pourra être plus ou moins spécifique selon le contexte de l'établissement hospitalier.

Pour les établissements A et B, le diagnostic posé nous permet de dresser l'analyse FFOM présentée ci-après. Cette grille de lecture n'a pas la prétention d'être exhaustive mais permet de poser les bases des recommandations que nous présenterons dans la prochaine partie.

La démarche de dialogue de gestion et le projet managérial développés au sein de l'établissement apparaissent comme les « deux faces d'une même pièce de monnaie ».

La première ne peut être initiée sans l'existence de la seconde et la seconde ne peut se développer au sein de l'établissement sans la présence de la première.

---

[106] Acronyme anglais de strengths, weaknesses, opportunities and threats

FORCES

1- L'attachement des agents à l'établissement, au travail en équipes et au service rendu aux usagers
2- L'intérêt des agents pour améliorer leurs conditions de travail et donner du sens à leurs activités professionnelles
3- La volonté des agents à comprendre et sortir d'une situation de crise (ex : « Donnez-nous les objectifs de réduction, on gèrera ensuite »)
4- Le volume de données produits et exploitables dans l'établissement pour construire des indicateurs et tableaux de bord
Lors de la réunion de présentation du projet de réorganisation de l'EHPAD en avril 2017, un agent a pris la parole et fait cette remarque à la direction

FAIBLESSES

1- Absence ou manque de communication d'un projet managérial impulsé par la direction et partagé au sein des équipes de direction, de médecins et d'encadrants (principes de verticalité et horizontalité)
2- Absence ou manque de communication d'un projet d'établissement ou de services formalisé contribuant à développer un « sens collectif » au sein des équipes (la boussole et le cap de l'établissement)
3- Absence ou faible gouvernance intégrée au projet managérial visant à responsabiliser les équipes dans un cadre établi (ex: délégations de gestion, contractualisations etc)
4- Déficit de processus de pilotage mature favorisant la circulation d'informations objectives et chiffrées entre les différents acteurs de la gouvernance et en lien avec leurs équipes
5- Des résistances « invisibles » et des barrières liées à la culture médico-sociale, à l'histoire et/ou l'empreinte territoriale de l'établissement

OPPORTUNITES

1- Une situation de crise ou perçue comme tel par le personnel (ex : mouvements sociaux ou contrat de retour à l'équilibre)
2- Un changement de cadre règlementaire avec des conséquences sur les ressources ou les pratiques actuelles (ex : Décrets du 21 décembre 2016 introduisant le CPOM)
3- La mise en œuvre des Groupements hospitaliers de territoire ou d'une direction commune (ex : mobilité inter-établissement et partage de pratiques professionnelles ou logique de parcours-patient)

MENACES

1- Une démarche de dialogue de gestion trop ambitieuse *ex-ante* (ex : définition d'indicateurs ne répondant pas aux critères de pertinence, productibilité et robustesse)
2- Une communication sur la démarche de dialogue de gestion rendant l'intention peu lisible par les équipes et réduisant leur adhésion à la démarche (ex : sentiment de surveillance ou contrôle de la performance)
3- Un déficit de déploiement des systèmes d'information ou de leur maîtrise par les équipes (ex : dossier patient informatisé non déployé ou manque de formation du personnel aux logiciels métier)
4- Un climat d'urgence » et le sentiment de « colmatage permanent » ne laissant pas de place à une démarche structurée et pérenne dans le temps
5- Des logiques opportunistes par certains acteurs favorisant le sabotage de la démarche en vue de préserver leurs intérêts privés (ex : pouvoir médical et blocage de réorganisation)

Le dialogue de gestion est donc un élément essentiel des pratiques managériales en vigueur dans l'établissement. Même si elle semble s'imposer dans l'établissement au regard d'une situation de crise (correspondant bien souvent à des difficultés financières), elle n'en demeure pas moins une ressource pour les équipes de direction, médicales et d'encadrants dans le management de leurs équipes au quotidien.

Vécue comme une contrainte ou un nouveau panoptique pour certains, le dialogue de gestion est bien souvent sacrifié au profit d'une autonomie et d'une responsabilisation « autorégulée » des acteurs.

La difficulté de pouvoir manager (ou non) des acteurs de cultures professionnelles différentes et avec des intérêts bien souvent divergents ne s'en révèle que plus complexe... L'autorégulation des acteurs sans éléments objectifs[107] pour la soutenir apparait vouée à l'échec car les acteurs ne pourront adhérer au processus intégratif que nous décrivons plus loin.

---

[107] Par éléments objectifs, nous entendons des faits et des chiffres.

Synthèse de la troisième partie

Pour préparer la démarche de dialogue de gestion, un diagnostic est nécessaire pour la Direction

Le diagnostic portera sur la culture et l'histoire de l'établissement, sa situation conjoncturelle, le projet managérial et la gouvernance mise en place, le sens collectif ou l'état des lieux de la démarche

A partir de la méthodologie présentée, le diagnostic sur la démarche de dialogue de gestion peut être synthétisé sous la forme de matrice Forces-Faiblesses-Opportunités-Menaces (FFOM)

Le dialogue de gestion et le projet managérial, deux démarches indissociables pour le Directeur d'établissement

« La première chose à faire lors d'une prise de poste, c'est d'avoir un diagnostic sur le niveau de maturité en management dans l'établissement…Avant même un diagnostic financier de la structure… Si le niveau est considéré comme satisfaisant, alors le travail de gouvernance peut commencer. Si c'est le contraire, on sera dans « un colmatage de brèche en permanence » … ».

Ce constat fait par la directrice générale adjointe du centre hospitalier A sonne comme un avertissement pour les futurs directeurs avant leur prise de poste.

Comme nous l'avons vu précédemment, développer une démarche de dialogue de gestion passera par une phase de diagnostic préalable.

Cette phase de diagnostic est primordiale dans la démarche. Elle permettra de poser un constat sur le dialogue de gestion et par réciprocité le projet managérial.

En appréciant les « deux faces de cette même pièce de monnaie », la Direction pourra mesurer leur force d'interaction et ses conséquences.

Notre analyse visera maintenant à développer des préconisations qui pourront permettre aux directeurs d'établissements médico-sociaux hospitaliers d'affirmer une démarche de dialogue de gestion en appui de leur projet managérial.

I. Le projet managérial et réseaux d'acteurs : Comment repenser le dialogue de gestion

A- MANAGEMENT ET PROJET MANAGERIAL, DEFINIR UN CADRE POUR DEVELOPPER LE DIALOGUE

Depuis ces 20 dernières années, la similitude avec le constat fait par Michel Hervé[108], est frappante « L'environnement des organisations est à ce point mouvant et incertain […] que l'exigence d'adaptation est permanente ». Les acteurs du médico-social sont soumis au même titre que n'importe quelle entreprise du secteur privé à un « contexte politique et médiatique qui promeut de toutes parts la démocratie, la génération Y demande plus de participation aux décisions, le web 2.0 est structurellement égalitaire[109] ». Pour le fondateur du Groupe Hervé, « l'entreprise 2.0 » est une évolution organisationnelle qui s'impose pour les dirigeants. Depuis 40 ans, le Groupe Hervé a mis en pratique un management participatif où l'employé est au cœur de la construction et de la prise de décision.

Nous tâcherons de nous inspirer du projet managérial mis en place dans cette entreprise pour explorer les possibles transpositions dans nos établissements médico-sociaux hospitaliers. Revisiter le projet de management pour favoriser la participation des agents dans le processus de décision demande du courage et beaucoup de conviction de la part des directeurs. Tout en gardant à l'esprit les conclusions de leur diagnostic, ils pourront développer un projet managérial s'appuyant sur les deux grands principes suivants :

---

[108] Nous avons choisi l'exemple de Michel Hervé mais d'autres entrepreneurs français ont choisi également de promouvoir l'entreprise dite « libérée » comme Jean-François Zobrist, ancien Directeur de la société Favi.

[109] Ibid

Inscrire le projet managérial dans le « temps long »

La transformation de la culture managériale de l'établissement en place fait partie du « temps long ». Elle ne pourra donc être associée avec une recherche à court terme d'une quelconque performance organisationnelle. Elle l'accompagnera dans le temps. Aussi, le Directeur devra se « caler sur cette temporalité » et évitait de rendre le processus inopérant en transférant la pression auquel il pourrait être soumis dans une situation particulière. Accepter la temporalité ne signifie pas accepter l'inertie.

Si nous prenons l'exemple d'une des entreprises du Groupe Hervé[110], l'implantation de leur modèle de management n'a pas « coulé de source » comme me l'a indiqué son ancien dirigeant. Le fondateur du Groupe, Michel Hervé, a hésité avant de se lancer dans la reprise des activités industrielles de cette petite entreprise. Le management participatif qu'il développe dans son groupe ne « faisait pas du tout partie de l'ADN local » où la représentation syndicale ouvrière est vue comme le contrepoids au patronat.

La démarche managériale a « pris au bout de 6 mois environ et les équipes étaient acquises au management participatif dès la fin de la première année ». Huit années après son intégration dans le Groupe Hervé, le personnel de cette entreprise décide de tout en prenant ses responsabilités. Les choix de management pris par les dirigeants ont manifestement réussi pour cette entreprise[111].

---

[110] Pour des raisons d'anonymat, nous taisons le nom de cette entreprise d'une quarantaine de salariés localisée sur le bassin d'emploi des établissements A et B.

[111] La PME a triplé son chiffre d'affaire et doublé ses effectifs en 6 ans. Pour des raisons d'anonymat, le nom de la PME ne sera pas indiqué. Cependant, l'histoire de la PME s'inscrit sur le territoire des deux établissements, terrains d'étude.

Travailler dans un cadre managérial « éco-responsable »

Replacer les agents au cœur du projet managérial et de la démarche de dialogue de gestion peut prendre du temps. Selon l'adage « chat échaudé craint l'eau froide », l'environnement actuel peut présenter des difficultés liées aux expériences du passé comme nous l'avons évoqué dans le cas de nos terrains d'étude.

Ces freins pourraient être de nature à empêcher une implication volontaire et constructive des agents. Le Directeur va devoir travailler pour recréer un environnement propice au développement de son projet managérial et de la démarche de dialogue de gestion.

Pour se faire, une gouvernance sécurisante et responsable permettra d'établir un niveau de confiance maximal entre les acteurs comme nous le verrons par la suite. Mais avant tout, elle demandera de mettre en place des règles exigeantes pour les managers dont le comportement va constituer un signal fort auprès des agents. Il va porter « l'impulsion donnée par le patron ».

Si nous reprenons à notre compte l'expression de Michel Hervé, les « comportements éco-systémiques »[112] vont constituer un fondement nécessaire pour faire « bouger les lignes » et changer les postures ou les *a priori* de certains acteurs par rapport à la démarche proposée par la direction.

L'*accessibilité* constitue un des éléments critiques dans la posture managériale du Directeur et des encadrants. Trouver une porte fermée n'est pas synonyme d'invitation à rentrer... Saluer les agents, être présent dans les services, réserver un temps d'échange régulier avec les agents individuellement ou collectivement sont autant de pistes pour favoriser l'accessibilité. Les temps d'échanges informels sont tout aussi valorisant pour les équipes que les temps formels. Ils prépareront à des prises de parole ouvertes et constructives dans un cadre plus formalisé que pourra offrir le dialogue de gestion.

---

[112] Ibid.

La *droiture et l'exemplarité* de la part du management de l'établissement sont également des éléments très visibles pouvant altérer la relation de confiance qui se reconstruirait avec la « base ». Elle peut trouver écho dans les moindres actions quotidiennes.

Par exemple, dans un contexte de déficit budgétaire, l'équité entre le personnel sera particulièrement scrutée par les agents. La politique de remplacement ou les baisses des primes d'astreinte pour les nuits dans un contexte de contrat de retour à l'équilibre sont des sujets sur lesquels les décisions prises peuvent remettre en question l'impartialité voire l'exemplarité du management.

La *transparence* est un autre versant du comportement responsable des managers. Elle peut se résumer par la formule « Dire ce que l'on fait et faire ce que l'on dit ».

Elle demande de la part du management d'informer régulièrement les agents sur l'ensemble des sujets qui les concernent dans et en dehors de l'établissement. Un changement de réglementation ayant une incidence sur les agents contractuels peut être un exemple.

A priori, limitée à une certaine catégorie d'agents, elle devra néanmoins faire l'objet d'une explication puisque les conséquences sur l'équipe tout entière pourront être nombreuses.

Informer, expliquer ou argumenter les prises de décisions sont importantes pour assurer une transparence quant aux choix de la direction.

Ces choix doivent s'expliquer par des éléments objectifs permettant aux agents d'en comprendre les « tenants et aboutissants ». Sans des éléments factuels et objectifs, l'interprétation et la subjectivité sont favorisées. Le ressenti et les émotions peuvent prendre une place dans la perception des choix définis et nuire à la mise en œuvre d'un cadre « éco-responsable ».

Enfin, la transparence passe par une communication ouverte et affichée dans les services[113] ou publié sur l'intranet de l'établissement. Cette communication devra être relayée dans les services par les encadrants

---

[113] Le personnel de nuit sera informé des décisions en même temps que le personnel de jour

avec la possibilité de permettre aux agents de s'exprimer sur le sujet. Comme nous l'a précisé un cadre de santé développant une approche participative, « à l'hôpital, contrôler l'information est impossible. Ça fuite de partout. Si tu ne joues pas le jeu de la transparence, très vite tu n'es plus crédible ».

Enfin, le respect de l'*altérité* semble trouver (à première vue) une prise plus lisible de la politique de ressources humaines *via* le handicap ou la réinsertion sociale. Or, l'expression du respect passe d'abord par « la confiance dans le potentiel de tout homme à se réaliser intégralement […] et qu'il n'est pas sain qu'une personne soit réduite dans son travail à n'être qu'une tête ou qu'une paire de bras »[114]. Aussi, l'homme doit être conçu comme un potentiel qui cherche à se développer et dont les organisations ont la responsabilité d'accompagner son développement.

Respecter l'autre passera par conséquent sur la reconnaissance de sa capacité à s'exprimer et à participer à la mise en œuvre de la politique générale de l'établissement. Reconnaître son altérité sera reconnaître sa différence de point de vue et sa capacité à appréhender des sujets d'une manière différente sans une quelconque distinction. C'est bien dans la confrontation des opinions que naîtra l'expression d'un respect mutuel qui permettra de prendre en compte la diversité des agents.

Une posture managériale « éco-responsable » n'est pas aussi simple dans les faits car le Directeur pourra avoir tendance à sacrifier certains de ces principes dès lors que l'établissement sera en difficulté.

Créer une gouvernance sécurisante et responsable et encadrer la pratique de comportements « éco-responsables » de la part du management de l'établissement est conforme aux valeurs d'une organisation durable[115] où une « préoccupation humaniste est conciliée avec une exigence de performance »[116].

---

[114] Ibid

[115] La norme ISO 26000 : 2010 définit la responsabilité sociétale et vise à transformer les principes en actes concrets en partageant des pratiques mises en œuvre. En mai 2017, elle a été adaptée au secteur médico-social français et fait l'objet d'une publication de l'Agence française de normalisation (Affnor) et le Comité pour le développement durable en santé (C2DS)

[116] Ibid

B- LE RESEAU D'ACTEURS, VERS UNE REDEFINITION DES ROLES ET RESPONSABILITES

« Construisez des barrières et vous en ferez des moutons » disait Winston Churchill[117].

En enfermant l'individu dans un rôle et des responsabilités contraintes, l'organisation se privera fortement de « l'intelligence de tous et non d'un seul ou de quelques-uns »[118] nous rappelle Michel Hervé.

Repenser le rôle et le positionnement des acteurs dans le réseau signifie aussi introduire une dose d'innovation dans le management de nos organisations.

Dé-hiérarchiser pour favoriser un environnement managérial « éco-responsable »

Dans le Groupe Hervé, la mise en place du management participatif passe par une « dé-hiérarchisation » des acteurs. Comme le précise Thibaud Brière, « Dé-hiérarchiser ne signifie pas dé-légitimer ou déresponsabiliser le management. Il ne s'agit pas d'abandonner le pouvoir au « démos » et de créer un environnement où l'incertitude et les jeux de pouvoir entre acteurs rendraient inopérant le fonctionnement de la structure ». Il nous faut donc associer la dé-hiérarchisation à une autre manière de concevoir l'autorité hiérarchique et d'exercer le pouvoir.

Du point du vue du management, la dé-hiérarchisation implique tout d'abord que le « petit chef » disparaisse. Le comportement « autoritaire et cassant » de certains encadrants ne peut créer cet environnement « éco-responsable » dont on a parlé. Il est même hautement

---

[117] CHURCHILL W., « Mémoire de guerre 1919-1941 », Editions Tallendier, 2015
[118] Ibid

contreproductif dans l'objectif que le projet managérial et le dialogue de gestion souhaite atteindre *in fine*.

Pour Michel Hervé, « le chef devient manager et le manager est chef d'orchestre ». Il est donc au service du collectif et son rôle prend tout son sens dans l'animation de l'équipe. Sa responsabilité est d'informer les membres de l'équipe, de servir de « passeur »[119] entre le monde extérieur et le service ou l'établissement. Il est à la fois décodeur de l'environnement et transmetteur des changements qui se préparent.

Par exemple, cela passe par une communication régulière sur des changements réglementaires, des orientations stratégiques territoriales ou des prévisions sur des données d'activité de l'établissement. Passer et décoder les informations impliquera de mettre en place un cadre « technique » que la démarche de dialogue de gestion permettra de produire. Cette fonction de « passeur » est essentielle car plus les équipes auront une information pertinente, plus la proposition qu'elles feront le sera. Elle s'inscrit bien dans les principes de respect et de transparence que nous avons évoqués précédemment.

Nous pouvons questionner si la dé-hiérarchisation ne conduira pas à la désacralisation du chef. Finalement, rendre le chef accessible, passeur et transmetteur d'informations, c'est en quelque sorte en faire « un monsieur tout le monde » au sein de l'organisation. Il n'a plus la « dernière » information puisque tout le monde l'a. Il ne tire pas non plus sa légitimité de la connaissance puisque tout le monde a accès à cette connaissance.

Finalement, le « halo » de mystères et « d'inconnu » de la fonction de directeur semble bien disparaitre. Sa sacralité aussi. Mais est-ce que cette désacralisation ne dégrade pas la fonction finalement ?

Cette approche peut interpeller à plusieurs titres le Directeur et son équipe de direction.

Tout d'abord, la logique de corps est particulièrement puissante dans la fonction de direction. Changer le positionnement managérial des

---

[119] Ibid

équipes de direction pourrait aller à l'encontre de cette culture du statut social propre à la fonction publique française[120].

Elle demande une réflexion sur la vision qu'ont les directeurs de leur mission de management et du rapport qu'ils peuvent entretenir avec leurs équipes. Le Directeur devra à présent devenir un coéquipier pour accompagner les équipes et un sélectionneur de « talents » pour pouvoir les développer.

Mais, « l'hôpital est une organisation de type militaire » me prévient-on au centre hospitalier A. La désacralisation de la fonction de direction est donc vécue potentiellement comme une transgression.

Si le principe de verticalité[121] peut être appliqué à partir de « l'impulsion du patron », le principe d'horizontalité peut en revanche être mis à mal. Certains directeurs n'accepteront pas ou ne verront pas immédiatement le phénomène d'hyper-sacralisation que nous avons illustré. Maintenir le contrôle sur ses équipes apparaitra plus rassurant mais sera contraignant finalement à terme à la fois pour le management mais aussi pour les agents...

Car, si l'intention est bien de replacer l'agent au cœur du processus de décision en déhiérarchisant l'organisation, elle demande que l'agent ne soit plus le collaborateur exécutant les décisions du chef mais co-élaborateur des décisions prises collectivement.

Cette exigence ne va pas s'imposer aux agents mais s'imposera naturellement car elle est attendue par eux. Elle ne trouvera pas un écho immédiat si le style de management jusqu'à présent en vigueur ne leur a pas donné l'espace nécessaire pour exprimer leur « intelligence situationnelle »[122]. L'agent n'est pas qu'une paire de bras et qu'une tête. Il est au cœur de la situation et se passer de lui dans une réflexion sur son travail quotidien, c'est tout simplement se priver de son bon sens et

---

[120] De nombreux auteurs ont développé cette question dont l'historien et sociologue Pierre Rosanvalon

[121] Les principes de verticalité et d'horizontalité ont été détaillées précédemment (NDLA)

[122] Ibid.

donc manquer de bon sens. « Il y a primauté à celui qui fait » comme le rappelle Michel Hervé[123].

Et c'est bien pour ces raisons que la démarche permet « d'hyper-sacraliser »[124] la fonction de direction. Le Directeur reste « sacralisé » non plus pour ce qu'il est mais bien pour ce qu'il fait. Il est le lien entre l'extérieur et l'intérieur, entre le passé et le présent.

C'est en assurant « l'alignement vertical » entre les tutelles et les agents que la fonction de direction prendra tout son sens. Plus elle partagera les informations et permettra sa compréhension par les agents, plus elle assurera au travers du dialogue la mobilisation des initiatives au service de l'établissement. Elle favorisera le dépassement des clivages et des injonctions perçues bien souvent comme contradictoires.

C'est en questionnant les résultats du *benchmark* réalisé que les agents ont mis à nu des pistes de réorganisation qui ne se focalisaient pas sur l'organisation du travail mais sur le travail en lui-même.

L'audit qui a suivi la communication des résultats du *benchmark* a permis d'éclairer que la réduction de moyens en personnel n'était pas l'affaire des agents de soins mais bien plutôt une question collective.

En effet, la prise en charge des résidents en matière de soins était plutôt au cœur de la problématique révélée par les résultats du *benchmark*. La question fondamentale qui finalement touche le collectif est le projet d'établissement dans son ensemble et notamment le positionnement de l'EHPAD dans le parcours-patient hospitalier. C'est bien cette réflexion collective qui animera les équipes à la suite de l'audit.

En devenant co-équipier des équipes médicales, soignantes et administratives de l'EHPAD, la fonction de direction a avancé dans le processus d'hyper-sacralisation. Elle a dépassé la décision unilatérale d'une réduction de moyens en vue de s'aligner sur un objectif financier fixé à la suite d'une négociation avec la tutelle. En rendant accessible la fonction de direction et en développant une démarche transparente et respectueuse vis-à-vis des agents, elle a réussi à favoriser un

---

[123] Ibid.

[124] Ibid.

environnement « éco-responsable » nécessaire pour co-élaborer des préconisations qui seront présentées à la direction.

Pour cela, la participation de tous est nécessaire et, comme le rappelle un cadre supérieur, « l'animation des échanges collectifs assurera que ceux ne sont pas seulement les « grandes gueules » du service ou ceux qui sont les plus calés sur le sujet qui interviennent ». L'objectif n'est pas seulement de participer mais de « faire émerger des propositions innovantes et non consensuelles » comme le rappelle Michel Hervé. Car le consensus n'est pas productif de nouveautés, il n'est que le dénominateur commun d'opinions individuelles. L'objectif pour les agents est de faire émerger une nouvelle idée, une autre façon de penser l'organisation du travail, la prise en charge ou tout autre sujet. C'est cette innovation qui est l'exigence qui pèse sur les agents. C'est la liberté d'innover qui leur permettra de s'épanouir dans le travail et de donner un sens à leur action collectif.

La participation de tous ne va pas se décréter par le management puisqu'elle se fera sur une base de volontariat. Elle va pouvoir se développer dans une gouvernance sécurisante et responsable pour les agents.

C'est en créant ce climat de confiance que l'agent pourra oser affirmer sa singularité et prendre part au débat pour questionner voire remettre en question certaines pratiques professionnelles ou modes d'organisation. Sa relation au groupe sera structurante pour affirmer son altérité et défendre ouvertement son opinion dans les échanges collectifs. Permettre de révéler les points de vue et porter les idées contribuent à faire progresser non seulement le collectif mais surtout libérer les agents.

L'approche de la direction pour ordonnancer ce cadre d'interactions va faire partie du projet managérial. Les apports théoriques de la sociologie permettront de donner des clefs de lecture pour développer cette approche.

Définir un cadre décisionnel clair et laisser des marges d'autonomie

En fonction de la nature des sujets, les prises de décision pourront être faites par les équipes avec ou sans la validation de la direction. La marge de manœuvre laissée aux équipes doit être présentée dans la démarche par le cadre de proximité en accord avec la direction.

Elle est un vecteur de l'autonomie et de la responsabilisation des équipes qui ne sont pas de simples exécutants de l'opérationnalisation de la stratégie définie par la direction. Elle doit être stimulante pour la motivation et la contribution réelle de tous les membres dans le débat.

L'exercice de ces marges d'autonomie peut s'apprécier en fonction de la nature opérationnelle ou stratégique des sujets.

Si le sujet est d'ordre opérationnel[125], les équipes pourront proposer et décider des solutions à mettre en place. Le processus de prise de décision sera accompagné par l'encadrement (en lien avec la direction) de façon à être le plus autonome et efficace possible. L'espace de discussion[126] pourra être le lieu pour ces sujets. Les décisions relatives aux tenues vestimentaires, aux investissements (de taille mineure) ou à l'aménagement des salles de soins ou de pause pourront faire partie de ces sujets.

Si le sujet est d'ordre opérationnel avec des conséquences sur la stratégie de l'établissement, alors les équipes pourront proposer des solutions qui seront portées par les cadres auprès de la direction. Le rôle du management va être d'accompagner les propositions en nourrissant les débats avec des informations afin de pouvoir permettre aux équipes de mesurer les conséquences de leurs propositions. Cette approche pourra

---

[125] Michel Hervé propose que les décisions non stratégiques et *a priori* valorisantes soient prises par les équipes car elles n'engagent pas la responsabilité du manager ou ne nécessitent pas un apport d'informations de sa part.

[126] Nous développons le concept d'espace de discussion dans les pages suivantes

concerner des sujets comme la réorganisation d'un service, la programmation de travaux de réhabilitation, des investissements en matériel ou l'organisation du temps de travail[127].

Enfin, si le sujet reste d'ordre stratégique, le management devra associer le personnel dans la réflexion. Les propositions à caractère stratégique pourront prendre leur source pour les équipes dans les espaces de discussion et se poursuivre avec le management dans le cadre plus formalisé du dialogue de gestion.

Les espaces de discussion peuvent permettre de redonner des marges de manœuvre et de la capacité à agir pour les individus. C'est en cela qu'ils peuvent contribuer à lutter contre la perception ou la réalité de « l'action contrariée » et de l'inorganisation selon l'expression d'Yves Clot[128].

Favoriser l'autorégulation, principe d'application de la théorie de la régulation sociale

La « théorie de l'acteur-réseau »[129] permet d'illustrer comment les relations entre des acteurs peuvent se créer et progressivement se modifier par l'introduction « d'une innovation scientifique » au sens large du terme.

Nous nous appuierons sur les travaux du sociologue Michel Callon[130] pour développer une méthodologie synthétique permettant d'accompagner le projet managérial et de préparer la démarche de dialogue de gestion.

---

[127] Les plannings ou les congés annuels sont des domaines mentionnés par les représentants syndicaux rencontrés.

[128] CLOT Y., « La fonction psychologique du travail », Editions PUF, 1999

[129] Elle est appelée aussi « sociologie de la traduction »

[130] CALLON M., « Eléments pour une sociologie de la traduction. La domestication des coquilles Saint-Jacques et des marins-pêcheurs dans la baie de Saint-Brieuc », L'année sociologique, 1986

Tout d'abord, identifier la problématisation constitue une étape dans la construction du réseau d'acteurs et d'actants.

Les acteurs sont les différents professionnels intervenant dans la structure médico-sociale. Les actants sont des éléments « non humains »[131]. L'ensemble des parties prenantes à cette « méta-organisation » vont confronter leurs intérêts dans une problématisation. Par exemple, au centre hospitalier A, c'est la renégociation de la convention tripartite et ses conséquences en termes de moyens qui va jouer ce rôle de catalyseur.

La dynamique des parties prenantes avec des intérêts privés et divergents va pouvoir se construire autour d'un « intéressement ». Le système d'alliances reposant sur cet intéressement va concilier l'intérêt privé des parties prenantes et l'objectif commun à chacune d'entre elles.

Dans notre réflexion, la démarche de dialogue de gestion associée à un projet managérial plus participatif va permettre de déconstruire les zones d'incertitude théorisées par Michel Crozier et Erhard Friedberg[132]. En amenant les parties prenantes dans un système déhiérarchisant où l'information est accessible au plus grand nombre, les zones d'incertitude ne sont plus sur la direction mais sur les parties prenantes elles-mêmes. Avec la réforme tarifaire, les ressources dépendent de l'activité et non plus des négociations de la direction avec la tutelle. La lisibilité sur les recettes en est accrue pour le personnel. Les dépenses dépendent du personnel tant en termes d'organisation du travail que de consommations.

La réforme tarifaire et la mise en place du CPOM dans le secteur médico-social va produire un effet comparable avec la réforme de la T2A dans le secteur sanitaire.

En remettant au centre de notre démarche les acteurs, ils vont révéler leurs velléités d'autonomie par rapport à une administration considérée comme « toute puissante ». On peut parler « d'*empowerment* » des équipes. Cette demande de prise de pouvoir a d'ailleurs été verbalisé par

---

[131] L'étude de *benchmark* ou les tableaux de bord sont des exemples d'actants

[132] Ibid

le personnel lors de la présentation des résultats du *benchmark*. « Donnez-nous les objectifs de réduction, on gèrera ensuite ». L'*empowerment* des équipes peut constituer l'intéressement du réseau d'acteurs.

Chaque partie prenante va prendre part dans le réseau d'acteurs mis en place en tenant un rôle. C'est le changement d'environnement réglementaire qui va favoriser l'enrôlement.

La dynamique managériale peut amener certains acteurs à se repositionner dans un nouveau rôle parfois. Au centre hospitalier A, c'est le cas des encadrants[133].

Ces « fabricants de cohérence »[134] sont essentiels dans la dynamique d'échange d'informations car ils sont la courroie entre les orientations stratégiques et leurs déclinaisons opérationnelles. C'est bien cette double communication vers le « haut » et vers le « bas » qui fait de l'encadrant une partie prenante majeure dans la démarche qui nous intéresse.

C'est aussi la partie prenante qui a le plus à gagner tant en termes de valorisation et de reconnaissance que de réponse à leurs préoccupations [135]. Le rôle de traducteur s'impose naturellement puisqu'il décode les éléments de langage managériaux de la direction pour les retranscrire auprès des agents. Au côté de la direction, il joue donc un rôle charnière dans l'approche managériale que nous avons décrite.

Au centre hospitalier B, le personnel encadrant a été au cœur de la mise en place de la démarche de dialogue de gestion en appuyant les principes de verticalité et d'horizontalité. De son côté, le centre hospitalier A a commencé fin 2016 une démarche visant à remettre le personnel au cœur du projet de l'établissement.

---

[133] Le centre hospitalier A a prévu d'intégrer un volet managérial dans le projet d'établissement de 2018-2022.

[134] Laëtitia Laudé parle aussi « d'absorbeurs d'écarts » dans le rapport de la mission Cadres Hospitaliers présenté par Chantal de Singly, 11 septembre 2009

[135] Comme nous l'avons évoqué dans la deuxième partie, cette fonction est particulièrement fragile dans un contexte d'incertitudes et de désorganisation. Un représentant du personnel nous a présenté les cadres de santé comme une fonction « entre le marteau et l'enclume ».

Enfin, dernière caractéristique du réseau d'acteurs, la mobilisation des alliés et des porte-paroles va favoriser la dynamique du réseau au service de la démarche de dialogue de gestion.

Dans le cadre de l'audit réalisé dans l'établissement A, la cadre supérieure et les cadres de santé ont été des porte-paroles pour mobiliser la « base ». La relation de confiance qu'elles ont su développer depuis plusieurs années constitue une ressource précieuse et essentielle dans le processus d'acculturation.

Au centre hospitalier B, la démarche de dialogue de gestion a démarré par les encadrants administratifs et soignants qui ont été associés dès le début du projet.

La théorie de l'acteur-réseau permet de mobiliser un cadre de réflexion sur les interactions entre les différents acteurs. Cet éclairage théorique va favoriser la lecture *ex ante* de l'environnement dans lequel la démarche de dialogue de gestion pourra s'inscrire.

C- DE NOUVEAUX LIEUX DE DIALOGUE : LES ESPACES DE DISCUSSION

Pour favoriser les échanges entre les acteurs, l'*empowerment* des équipes pourra prendre forme dans des espaces de dialogue réinventés[136]. Les espaces de discussions font partie de ce type d'innovations qui ont leur sens dans la démarche managériale proposée précédemment.

La théorie des espaces de discussion développée par Mathieu Detchessahard[137] permet d'éclairer leurs rôles non seulement dans la construction de compromis et de sens au travail mais aussi dans la formation d'une identité collective.

Animés par les encadrants de proximité, ces espaces réunissent des professionnels partageant des situations de travail similaires[138] où les injonctions contradictoires, les dilemmes ou paradoxes (vécus ou perçus) peuvent être débattus dans un cadre sécurisant. C'est un lieu de confrontation entre les règles et la réalité du terrain. Ces échanges dynamiques pourront se nourrir entre autres des indicateurs co-construits avec les équipes dans la démarche de dialogue de gestion.

Tout l'enjeu de la démarche de dialogue de gestion va reposer sur sa capacité à produire du sens et à être déclinée dans la réalité du travail de soignant. Les informations transmises par le « passeur » et traduite aux équipes par les cadres de proximité vont alimenter les échanges en posant une base objective, factuelle et, si possible, quantifiée.

C'est en entreprenant cette démarche que les agents vont développer un « *empowerment* » rationnel et valorisant[139].

---

[136] Les espaces de discussion ont été mis en œuvre dans différents centres hospitaliers comme celui de Rennes ou de Nantes

[137] DETCHESSAHARD M., « Quand discuter, c'est produire... Pour une théorie de l'espace de discussion en situation de gestion », Revue française de gestion, 2001

[138] Les transmissions constitueront d'ailleurs selon le sociologue des « capteurs de dysfonctionnement » qui pourront alimenter les discussions.

[139] Au CHU de Tours, le Professeur Philippe Colombat a reçu le trophée de l'innovation managériale de l'Ecole supérieure des sciences économiques et commerciales (Essec) en

Car l'enjeu de ces discussions est bien de faire émerger des propositions co-construites pour organiser le travail.

Le rôle du cadre de proximité va s'axer sur le développement d'une dynamique communicationnelle et d'un vrai débat sur le travail d'organisation du travail.

Le travail de régulation sociale est essentiel pour que la démarche soit efficace. En cela, il est plus exigeant que les groupes de paroles où les agents se « libèrent » par rapport à une difficulté rencontrée comme c'est le cas, par exemple, des risques psychosociaux. Il s'exerce dans un cadre « moins imposé » pour les agents que les réunions de service.

Les cadres de proximité vont pouvoir agir et favoriser la contribution réelle de tous. Le travail de reconnaissance et de valorisation de la fonction de cadres trouvera également dans l'espace de discussion son terrain d'expression.

Même si un environnement perçu comme trop contraignant pourra brider la participation des acteurs, un manque de régulation de la part des cadres pourra épuiser les équipes et rendre le travail de qualité difficile.

Dans tous les cas, rien ne peut garantir qu'en créant ces espaces, les effets recherchés puissent être atteints car la « matière brute est strictement humaine »[140].

L'espace de discussion constitue bien un lieu d'échange au sens de la théorie du don.

---

septembre 2016 pour son projet managérial qui incluait la mise en œuvre d'espaces de discussion pluri-professionnels.

[140] ibid

Si nous reprenons les travaux de Marcel Mauss[141], les espaces de discussion pourraient favoriser la reconstruction du lien collectif au sein des équipes.

Dans le processus d'échanges, le management aura l'obligation de reconnaitre le travail et notamment cette partie « invisible » du travail qui permet de faire fonctionner le service. C'est bien en reconnaissant le travail sur le « laid »[142] que le cadre de proximité va reconnaitre le « don » des agents[143]. En exprimant sa gratitude, le cadre de proximité va envoyer un signal à destination de ses équipes. Tout ce qui n'est pas mesuré et qui pourrait être jugé ou perçu comme « inutile » par la direction a une valeur pour l'institution.

Par la reconnaissance de l'obligation de retour, le cadre de proximité valide la relation don/contre-don avec les agents. Le contre-don pourra prendre la forme de nouvelles allocations de matériel ou de formation voire de mensualités de remplacement.

Ce travail sur la symbolique trouve un « temps » réservé et privilégié pour les équipes. C'est celui de l'espace de discussion. Il s'intègre dans l'approche managérial que nous valorisons pour accompagner la démarche de dialogue de gestion.

Reconnaitre la valeur du travail, c'est reconnaitre la personne, la respecter sans poser de jugements de valeur ou la réduire à son statut, son rôle ou ses tâches réalisées.

En favorisant un style de management participatif et adaptatif, l'espace de discussion répond à cette demande des agents de pouvoir organiser leur travail par des règles mais également par la réciprocité et l'échange.

---

[141] MAUSS M., « Essai sur le don. Forme et raison de l'échange dans les sociétés archaïques », Année sociologique, 1923

[142] Opposé au travail « noble et beau », le « travail laid » est constitué de toutes les activités réalisées par les agents pour corriger des dysfonctionnements. Cette partie invisible du travail n'est pas nécessairement mesurables par des indicateurs et en définit ses limites.

[143] Dans « L'esprit du don » (2007), Jacques T. Godbout et Alain Caillé nous donnent cette définition : « Le don est toute prestation de bien ou de service effectué, sans garantie de retour, en vue de créer, nourrir ou recréer le lien social entre les personnes »

En développant une approche hyper-rationnelle dans les structures médico-sociales hospitalières inspirées du secteur MCO, les gestionnaires prennent le risque d'altérer cette symbolique du don.

Recréer les moyens de revaloriser le don des agents reste l'ambition des espaces de discussion et s'inscrit dans le « temps long ». Malmené par les changements d'équipes ou les réorganisations de service, les valeurs portées par le projet managérial et son expression dans les espaces de discussion pourront être formalisées autant que possible dans le projet d'établissement.

La direction se tiendra à distance de ces espaces de dialogue pour conforter la mise en confiance nécessaire pour la bonne articulation du dispositif.

Mais son rôle va être d'accompagner cette démarche en tant que partie intégrante de son projet managérial. Cela supposera que la direction va favoriser le développement de ces espaces de discussion en libérant des marges de manœuvre dans l'organisation du travail. Elle demandera un travail de priorisation pour la direction entre les différents projets et groupes de travail lancés avec le personnel. Nous avons vu que ce point constitue un facteur de perception d'épuisement et perte de sens ou de cohérence pour les cadres.

Le format de ces espaces de dialogue doit rester court (eg, demi-heure) et fréquent (eg, hebdomadaire) de manière à conserver une bonne dynamique communicationnelle dans le temps entre les équipes. Il sera centré sur le travail réel, nourri par des données et animé de manière constructive. Le glissement de ces échanges en réunions encombrantes pour le personnel est un risque réel que la dynamique d'animation associée à des résultats concrets pourra permettre d'endiguer.

Le projet managérial porté par l'institution va poser le cadre de confiance général nécessaire pour que ces espaces de dialogue puissent être compris et progressivement « appropriés » par les agents avec le soutien des cadres de proximité.

Car l'objectif n'est pas d'échanger pour le seul bénéfice de libérer la parole des agents. Porter des sujets (souvent difficiles) à l'attention de la direction doit être une garantie pour les acteurs que les échanges soient porteurs de décisions et d'actions[144].

---

[144] L'expérience menée au Ministère des Finances en 2009 a montré que les partenaires sociaux considéraient ces espaces de discussion comme des lieux formels d'échanges. En prenant connaissance des comptes-rendus, la direction ne pouvait ignorer les difficultés exprimées par les agents dans ces « instances institutionnelles », Yves LOCHARD, La Revue de l'IRES, 2012

II. La démarche du dialogue de gestion

L'information est bien au cœur de notre démarche.

Le dialogue de gestion est le processus pour favoriser l'échange d'informations entre les niveaux hiérarchiques.

Il n'est donc qu'un outil au service du projet managérial.

Le paradoxe est que le dialogue de gestion (et les outils sur lesquels il s'appuie) peut arriver à susciter l'adhésion du personnel non par idéologie ou goût pour la gestion et la recherche de la performance mais plutôt par son potentiel explicatif et légitimant pour les professionnels de la structure.

C'est tout l'enjeu de la démarche du dialogue de gestion qui est présentée à présent dans les pages qui suivent.

A- L'INTENTION MANAGERIALE DANS LA DEMARCHE DE DIALOGUE DE GESTION

Au sein de l'établissement, tout processus d'intégration de quelque norme que ce soit[145] ne peut se limiter pour le personnel à une mise en conformité réglementaire, budgétaire ou environnementale. Sinon, il ne peut être perçu que comme la réponse de l'établissement à une nouvelle contrainte extérieure. La démarche de dialogue de gestion n'est pas exempte de ce constat.

La direction[146] et les encadrants sont respectivement des « passeurs » et « traducteurs » de ces informations [147]. Ils sont les garants de l'accompagnement et de la lisibilité des enjeux sous-jacents par les professionnels de l'établissement.

C'est bien en développant un processus interne permettant de mesurer la qualité de sa réponse aux besoins des usagers que l'établissement joue pleinement son rôle d'acteur territorial responsable. Le dialogue de gestion n'est pas un outil de mesure de performance utilisé lorsque la pérennité de l'établissement est menacée. Il est le moyen de s'interroger sur les modes de fonctionnement et les pratiques, d'identifier les opportunités d'évolutions et de s'y adapter. Il permet de donner une vision sur le futur.

Inscrit dans une logique « d'adaptation continue » aux besoins des usagers, les outils du dialogue de gestion prennent un autre sens pour les professionnels à condition que la direction et les encadrants les accompagnent.

L'enjeu est bien la pédagogie et la compréhension par les agents de cet alignement vertical entre les politiques publiques territoriales et le travail quotidien. Connecter le monde de la tutelle, perçu comme abstrait

---

[145] On peut citer, entre autres, les démarches d'amélioration continue de la qualité ou de développement durables.

[146] Par direction, nous entendons la direction de la structure médico-sociale hospitalière (EHPAD, Pôle gériatrique,…).

[147] Au sens décrit précédemment

et technocratique, et celui du soignant aux valeurs humanistes est bien l'enjeu du dialogue de gestion.

Au centre hospitalier B, les indicateurs choisis étaient, selon les cas, à destination de l'encadrement, du management ou des acteurs institutionnels[148].

Dans ce dernier cas, ils avaient pour objectifs des actions de communication internes (eg, organisations syndicales) et externes (eg, usagers et tutelles). La valorisation des savoir-faire institutionnels est bien l'objectif affiché de la démarche car l'objectif des outils de mesure n'est pas seulement de pointer ce qui peut aller mieux mais aussi ce qui va bien. Reconnaître les progrès de l'institution dans le temps fait partie également du processus et de sa mise en œuvre en continu.

C'est bien le lien entre les différents niveaux de communication des indicateurs qu'il convient d'expliquer et de construire avec le personnel. La pédagogie du management de l'institution repose à la fois sur faire connaître l'indicateur, faire comprendre à quel objectif il correspond, pourquoi il existe et à quelles priorités il répond notamment en termes de politique territoriale.

Cet objectif doit s'inscrire à la fois dans une réalité du soignant mais également de l'établissement et donc de la tutelle. La production de « sens à l'action » résulte surtout de l'implication des acteurs dans la construction des outils de mesure et de management de la performance [149]. Comme nous l'avons vu, sans une approche managériale qui met les parties prenantes au cœur du processus, ce dernier est voué à l'échec.

La démarche entreprise au centre hospitalier B visait à répondre à cette difficulté. En recensant les indicateurs existants et souhaités par le

---

[148] Le format des tableaux de bord retenu était celui du *Balanced Scorecard* avec ses quatre dimensions (Usagers, finances, qualité des soins et apprentissage organisationnel)

[149] MINVIELLE E. and al., « Hospital performance: competing or shared values? », Health Policy, 2008

personnel et les encadrants, les équipes ont pris conscience de l'intérêt de la démarche pour valoriser leur propre travail et donner plus de visibilité sur l'accompli à la direction et aux familles d'usagers. Elles se sont appropriées la démarche collectivement en redonnant un nouveau rôle à leur fonction.

Ainsi, certains administratifs ont mesuré l'importance de la production d'indicateurs qu'ils réalisaient depuis des années « sans se poser plus de questions » après avoir échangé dans le cadre de la démarche.

Le management doit être convaincu que l'interaction est plus porteuse d'avenir que la simple action d'organiser et de poser des règles de contrôle. La réciprocité de l'engagement est une condition nécessaire de l'échange social, préambule au dialogue… de gestion.

B- L'OBJET-FRONTIERE : CONCEPT ET CONSTRUCTION AU SERVICE DU DIALOGUE DE GESTION

La démarche de dialogue de gestion s'inscrit dans la « production de sens à l'action » pour le personnel de l'établissement. L'action ne peut que se comprendre pour les équipes que dans la proximité. Proximité dans les activités réalisées, proximité entre les acteurs et proximité avec les usagers. Cette pluralité doit donc rester une constante dans la construction et le déploiement des indicateurs et des tableaux de bord.

En tant qu'actants, les outils du dialogue de gestion favorisent (en tant qu'éléments du système) la relation entre les acteurs au sein du réseau. Ils sont ce que le sociologue Mathieu Detchessahard appelle des « objets-frontières »[150].

Ils permettent à différents acteurs de nature sociale bien distincte de pouvoir trouver un point de connexion entre eux sur lesquels ils s'appuieront dans la mise en œuvre d'un système d'alliances. Ces objets-frontières peuvent être multiples et ne se limitent pas aux indicateurs ou aux tableaux de bord. Le dossier patient informatisé, le PMSI[151] ou le Projet d'accompagnement personnalisé (PAP) en sont des exemples. Ce dernier joue un rôle central dans le « cas d'école » que nous développons dans le tome II de notre réflexion « Du dialogue de gestion au projet managérial ».

L'appropriation des objets-frontières par les acteurs eux-mêmes est facilitée par l'implication de ces mêmes acteurs dans leur construction. Mais au-delà du caractère intentionnel de la démarche productrice de sens, la contribution des acteurs dans la construction de ces indicateurs est source de mises en relation et d'échanges.

---

[150] Le concept d'objets-frontières est apparu pour la première fois dans une étude des sociologues Susan Leigh Star et James R. Griesemer en 1989

[151] Le PMSI (ou Programme de médicalisation des systèmes d'information) est le système de valorisation des séjours sur le secteur MCO

Au centre hospitalier B, le décloisonnement entre les services s'est progressivement matérialisé lors de la phase de recensement des indicateurs.

En effet, les indicateurs sont produits par un acteur (eg, le service ressources humaines) pour être mis à la disposition de d'autres acteurs (eg, les cadres de santé). L'interaction entre ces équipes (responsables et agents) permet de créer un échange favorisant la définition et la compréhension d'un objet-frontière (eg, le taux d'absentéisme). Les objectifs des acteurs utilisateurs de l'indicateur et les contraintes des acteurs produisant l'indicateur se confrontent. De l'échange, va naitre un véritable débat sur l'objet-frontière lui-même. Différents critères vont pouvoir émerger et être formalisés dans un document recensant les indicateurs existants et nécessaires.

Cette grille d'analyse regroupe différents champs pour chaque indicateur : pertinence et priorité, productibilité et faisabilité technique ou destinataire. Les indicateurs utilisés dans le cadre d'enquêtes[152] ne seront pas forcément ceux qui seront privilégiés par les équipes *a priori*. La direction devra veiller à relier le sens de ces indicateurs par rapport à la vision institutionnelle mais également par rapport aux pratiques des professionnels.

L'objet-frontière permet aux professionnels de visualiser la « production de sens à l'action ».

C'est le cas, par exemple, de la grille de lecture utilisé dans le cadre du CPOM[153]. L'alignement vertical y est plus lisible pour les professionnels. La grille réunit des thématiques qui « parlent aux soignants » en intégrant des indicateurs d'enquêtes (perçues comme) « consommatrices de temps » et dont ils se plaignent de « ne pas avoir de retour ». L'adhésion à la démarche en est que plus facilitée mais la continuité demeure un enjeu.

---

[152] Enquête ANAP, Flash-EHPAD ou RAMA par exemple

[153] Il s'agit du diagnostic partagé réalisé par l'établissement et base de la négociation avec les tutelles. Les angles de lecture sont multiples à savoir : qualité du service rendu à l'usager, maîtrise des risques, contribution au parcours et aux besoins territoriaux et renforcement de l'efficience de gestion et de gouvernance

C'est bien en liant le sens de l'action et l'indicateur que la continuité va perdurer. Si les soignants ne se reconnaissent pas dans certains de ces indicateurs (et de la problématisation sous-jacente), alors il convient de considérer que ceux-ci n'auront qu'une fréquence de production et d'analyse plus limitée.

Dans un établissement comme le centre hospitalier B, les chutes sont nettement inférieures au centre hospitalier A et ne font donc pas partie des priorités de l'équipe.

En revanche, le taux d'occupation du SSR ou les analyses de laboratoire biomédical ont été identifiés comme des sujets prioritaires. La direction restera donc vigilante à maintenir la proximité de l'objet-frontière avec les acteurs utilisateurs et producteurs.

Dans la démarche au centre hospitalier B, la proposition des indicateurs à partir de l'existant et des besoins identifiés a été faite par le personnel puis par les encadrants. L'approche a été menée par « cercles concentriques » en commençant (à partir de l'impulsion de la direction) par l'équipe de direction, les encadrants puis le personnel. Mais, elle a été non seulement descendante mais aussi ascendante. C'est bien en faisant émerger avec le personnel et les encadrants un nombre important d'indicateurs candidats que la démarche a trouvé tout son sens.

Elle a permis de prendre conscience d'abord de ce qui existait puis, ensuite, de sélectionner entre ce qui était nécessaire et ce qui était utile. A ce titre, elle s'inscrit dans le temps. Si elle a permis de sélectionner un nombre restreint d'indicateurs initialement, elle a aussi permis d'en définir d'autres qui pourront remplacer ou compléter ceux qui ont été choisis précédemment[154]. Le phasage du déploiement d'indicateurs en fonction des besoins est nécessaire pour développer une approche adaptative du pilotage de l'établissement.

---

[154] Nous rappelons que les systèmes d'information (au sens large du terme) au sein des centres hospitaliers favorisent la production d'indicateurs. Cependant, les trois critères essentiels pour sélectionner un indicateur reste bien sa pertinence, sa robustesse et sa productibilité.

L'*empowerment* des équipes passe par l'appropriation des outils par les équipes. Il faut que ces outils résonnent pour ceux qui vont agir à partir de leur analyse.

Au centre hospitalier A, la démarche a permis de convertir des objets en « objets-frontières ». Ainsi, certains indicateurs du RAMA ou du Flash-EHPAD semblaient appartenir uniquement à la communauté médicale. Or, au terme de l'audit, ces indicateurs étaient devenus des « objets-frontières » reliant les soignants, les médecins et la direction des ressources humaines.

L'indicateur de chutes en est un exemple. Initialement suivi par les médecins[155], cet indicateur a été converti en « objet-frontière » dans la mesure où le collectif a pris conscience des multiples dimensions à la problématisation « le nombre de chutes est en forte augmentation ». Il s'est révélé à la croisée de la prise en charge médicamenteuse (ie, consommations de neuroleptiques et antidépresseurs), de la prise en charge en soins (kinésithérapeutes, ergothérapeutes ou aide-soignant) et de la politique de ressources humaines (ie, rotation du personnel et absentéisme).

Des alliances ont pu se nouer entre les acteurs en vue de pouvoir développer un intéressement permettant la mobilisation de la « base ».

Des préconisations ont émergées sur de nombreux axes comme :

- le profil des usagers pris en charge et le parcours de l'usager entre le centre hospitalier et les EHPAD,

- le renouvellement de matériels[156],

- la politique de prévention de l'absentéisme[157] ou

- le processus d'admission[158].

---

[155] L'indicateur de chutes n'était pas partagé aux équipes soignantes. Il permettait au médecin d'ajuster la prescription et la prise en charge soignante.

[156] Investissements dans des rails de transfert et des lèves-malades en partie financé par l'ARS (financement CLACT)

[157] Développement de formations sur la prévention de troubles musculo-squelettiques ou dans la gestion des usagers avec des troubles cognitifs du comportement

[158] Les cadres de santé ont vu une opportunité de repositionner (par rapport aux médecins) leur rôle dans les commissions d'admission afin de pouvoir « peser » plus dans le choix

C- Management « agile » et organisation adaptative

Les travaux de la sociologue des organisations, Saras Sarasvathy,[159] ont permis de développer le concept d'organisation adaptative qui repose sur la logique « effectuale ». Basée sur les moyens, la logique « effectuale » se distingue de la logique causale qui fige les objectifs et ensuite définit les moyens. En intégrant comme hypothèse départ que l'environnement est en mouvement, la logique « effectuale » pose le principe de l'adaptation permanente à l'environnement. Elle permet de gérer dans l'anticipation les hypothèses de pilotage de l'établissement. L'adaptation des processus et des modes de travail font partie intrinsèquement de « l'effectuation ».

La logique « effectuale » est partie intégrante du management « agile » qui a émergé dans les années 1990 dans le secteur informatique. Utilisé pour améliorer en continue le développement des logiciels afin de toujours mieux répondre aux besoins des clients, le management « agile » s'est fondé sur l'autonomie, la responsabilisation et la motivation des équipes, l'usage intensif des nouvelles technologies de l'information et de la communication (NTIC) et l'amélioration continue des processus de l'entreprise.

La philosophie du management « agile » met en avant l'intelligence collective et sa capacité à remettre en question continuellement les modes de fonctionnement de l'organisation.

Elle définit le concept « d'organisation apprenante » qui replace au cœur du projet managérial le développement de l'individu et plus largement la politique des ressources humaines. Son application dans le champ

---

des résidents accueillis et notamment au regard du public déjà présent dans les unités dont ils avaient la responsabilité.

[159] SARASVATHY S. D., Professeur américaine spécialiste de l'entrepreneuriat, a développé la théorie de l'effectuation dans « Effectuation : Elements of entrepreneurial expertise », 2009

médico-social a fait l'objet de plusieurs conférences ces dernières années[160] [161].

En nous appuyant sur les travaux de Saras Sarasvathy[162], nous pouvons donc dire que la démarche de dialogue de gestion s'inscrit dans une approche adaptative des organisations qui repose sur la logique « effectuale ».

Le développement d'objets-frontières et du dialogue de gestion vont permettre de nourrir cette approche adaptative dans laquelle la capacité à produire de l'analyse globale et à faire penser les professionnels dans ce nouveau cadre nécessite l'accompagnement de la direction et de l'encadrement, à la fois passeur et décodeur d'informations.

Au centre hospitalier B, l'analyse des indicateurs existants et à mettre en place a permis d'interroger le rôle de certains agents dans le service économique et a conduit à un transfert d'équipes entre membres du comité de direction.

Pour certains agents producteurs d'indicateurs ou de tableaux de bord existants, les choix pris par les équipes à l'issue du recensement d'indicateurs a permis d'abandonner des tâches et libérer des marges de manœuvre dans le même temps.

---

[160] Intervention de David Vallat, Maître de conférences en sciences économiques, Université Claude Bernard Lyon 1 et spécialiste en économie sociale et solidaire et en management des connaissances à la Conférence européenne de l'association des établissements et services pour personnes âgées, 22-23 septembre 2016

[161] Intervention de Kaisa Pekola, Responsable des services de soins infirmiers et à domicile de l'Association finlandaise, Espoon Lähimmäispalveluyhdistys, à la Conférence européenne de l'association des établissements et services pour personnes âgées, 22-23 septembre 2016

[162] Saras D. Sarasvathy, Professeur américaine spécialiste de l'entrepreneuriat, a développé la théorie de l'effectuation dans « Effectuation : Elements of entrepreneurial expertise », 2009

Dans le cas du centre hospitalier A, l'interprétation des objets-frontières a questionné le positionnement de la structure dans la gestion des cas complexes[163].

Le dialogue entre les parties prenantes a permis d'identifier la nécessité de renforcer les relations avec les acteurs du territoire comme la Méthode d'action pour l'intégration des services d'aide et de soins dans le champ de l'autonomie (MAIA) ou le centre local d'information et de coordination (CLIC). Ils ont également réinterrogé la pertinence de l'organisation des assistantes sociales du centre hospitalier et questionné l'intérêt d'une mutualisation avec d'autres centres hospitaliers d'un mandataire de protection judiciaire pour les majeurs.

Pour adapter son organisation, le Directeur doit être à l'écoute de son environnement et se positionner à la fois dans le temps long (car il a un cap) et dans le temps court (car il a une boussole).

Dans le contexte actuel, les structures médico-sociales hospitalières ne peuvent se permettre de raisonner dans l'une ou l'autre des dimensions temporelles. Il y a nécessité à être présent à la fois dans un cadre pluriannuel de cinq ans défini par la convention tripartite ou le CPOM et dans un cadre plus resserré qui est l'infra-annuel. Les outils issus des décrets de décembre 2016 visent à concilier temps longs et temps courts pour s'inscrire dans cette philosophie.

---

[163] Appelés aussi dans le jargon du secteur MCO, les « bloqueurs de lits » (ou *bed blockers* en anglais)

D- Une approche pragmatique pour une meilleure adhesion a la demarche

Le risque dans la démarche est de rester sur le niveau du concept, voire du prototype et de ne jamais passer dans le concret. Le sentiment d'avoir « avancé », « positionné quelque chose » mais « de ne pas être allé au bout des choses » peut menacer la démarche dans son ensemble et la crédibilité du porteur du projet, à savoir la direction.

Les jeux de pouvoir au sein de l'institution seront fréquents et certains acteurs, même convaincus de la démarche, pourront commencer à développer des stratégies de « sabotage ». Ainsi, en exploitant les zones d'incertitude et en investissant le système d'action concret, les acteurs pourront avoir la latitude de rejeter les outils, les détourner ou subvertir leur usage en vue de préserver leurs marges de manœuvre.

Le Directeur devra rester très attentif sur l'état de la situation et prendre régulièrement la température auprès de ses « traducteurs ».

Car, cette phase de questionnement doit être anticipée. Pour la neutraliser, la « théorie des petits pas » peut-être une réponse à mettre en œuvre. En effet, pour rendre la démarche transparente, il faut la rendre concrète pour les équipes impliquées aussi tôt que possible.

Au centre hospitalier B, la planification du déploiement des outils de pilotage comprenait (dans le calendrier du projet) deux phases bien déterminées pour fixer des objectifs à court terme.

Tout d'abord, une phase de test mettait en scène les parties prenantes (utilisateurs et producteurs d'indicateurs). Durant cette phase, les indicateurs choisis à l'issue du processus collectif étaient renseignés et publiés pour une analyse collective au niveau de l'équipe de direction. L'intérêt de restreindre la liste de diffusion est de permettre aux parties prenantes de voir le sens que le tableau de bord et les indicateurs peuvent donner par rapport à l'objectif initial (eg, la performance de l'établissement ou d'un service dans son ensemble). Elle permet de comprendre comment les différents objets-frontières interagissent entre eux et quels niveaux d'analyse complémentaires peuvent être nécessaires. Il s'agit pour chaque partie prenante d'apprécier comment ces indicateurs vont être lus par les équipes avant de leur soumettre pour avis.

De cette analyse, deux possibilités peuvent être émises :

Premièrement, il y a des changements souhaités tant sur le contenu que sur la forme des indicateurs ou des tableaux de bord. Dans ce cas, un travail d'adaptation est souhaitable et demandera ainsi aux équipes de reprendre les résultats de la phase de recensement de l'existant et des besoins. Les modifications choisies pourront être « retestées » par les équipes. Le processus est bien itératif[164] jusqu'à que la décision soit collectivement arrêtée.

Deuxièmement, il n'y a pas de changement sur les indicateurs et tableaux de bord après avis des équipes. A ce moment, il conviendra de passer sur la phase de mise en œuvre avec communication auprès des parties prenantes identifiées préalablement dans l'une des trois catégories (encadrant, management et institutionnel).

La phase de mise en œuvre est particulièrement sensible puisqu'elle va donner la première impression sur l'intention de la démarche. Ainsi, il serait particulièrement contre-productif d'envoyer cette publication par courriel aux différentes parties prenantes. En revanche, une approche plus informelle auprès du chef de pôle et du cadre supérieur de santé pourra faciliter la démarche pédagogique en s'attachant à repositionner l'enjeu de la démarche et non pas seulement les résultats des indicateurs produits.

Dans les structures médico-sociales hospitalières, il est important de rappeler que l'échange avec les « professionnels autonomes » [165] devra prendre en compte la sensibilité du corps médical à toute affirmation ou constat qui pourrait relever, selon lui, d'un jugement sur ses pratiques professionnelles. Le dialogue de gestion visera à systématiquement recontextualiser la pratique médicale par rapport à son environnement comme nous l'avons illustré avec les chutes. Cette approche

---

[164] Nous rappellerons qu'itératif ne signifie pas indéfini

[165] Au sens défini par W Richard Scott et Eliot Freidson

« diplomatique » de l'objet-frontière n'est en rien contre-productive car il faut garder à l'esprit que si les professionnels de santé sont attachés aux principes de la charte de 1927[166], ils apprécient également de se remettre en question professionnellement[167].

En première instance, la phase de mise en œuvre sera donc accompagnée d'une démarche pédagogique visant à expliquer le projet dans son ensemble, tout en insistant sur le caractère adaptatif de l'exercice dans le temps.

Suivant la « maturité » des acteurs, il pourra être intéressant de commencer par groupes/corps professionnels séparément. Cette approche a le mérite d'éviter des conflits *a priori*. Elle permet de déverrouiller les postures et d'inscrire les acteurs dans une dynamique positive et de confiance.

L'objectif est d'enclencher un processus itératif où les parties prenantes vont progressivement légitimer la démarche en s'emparant des sujets abordés. C'est en suscitant des interrogations et des réactions que le management pourra apprécier si la démarche prend. Même si les questionnements des équipes auront pu être identifiées pour la plupart dans la phase de test, les premières itérations du processus doivent permettre d'identifier les sujets prioritaires avec les équipes. Ces sujets prioritaires pourront appeler des analyses « *ad-hoc* » pour préciser les résultats des indicateurs comme ce fut le cas sur les consommations médicamenteuses dans les deux centres hospitaliers.

Les « clefs » pour résoudre les sujets devront être abordées dans un deuxième temps. Elles pourront émerger à partir des analyses « *ad-hoc* » et donner lieu à des préconisations. Les actions mises en place donneront elles-mêmes lieu à un suivi selon les principes de la démarche

---

[166] Les principes de la Charte médicale de 1927 affirment le respect de la liberté d'exercice et de l'indépendance professionnelle. La liberté de prescription est un des principes cardinaux qui ont été codifiés à l'article L162-2 du Code de la Sécurité sociale.

[167] Plus l'exercice de la fonction médicale se fera collectivement (centre hospitalier, maison de santé pluridisciplinaire etc), plus l'échange de bonnes pratiques est souhaité par les professionnels.

DMAAC [168]. Ce suivi pourra se faire au travers d'indicateurs qui pourront être plus pertinents au regard de la problématisation identifiée.

En règle générale, il sera bénéfique que l'animation des réunions puisse garantir que les sujets soient priorisés et, de préférence, du plus facile au plus difficile. L'objectif est de « marquer des points » et continuellement accroître l'adhésion des équipes à la démarche. L'accompagnement de la direction durant cette phase est important pour les encadrants. La démarche doit être clairement identifiée comme portée par l'institution.

Nous n'oublierons pas que cette approche s'inscrit dans le temps long et ne pourra se réduire à la production et la publication de chiffres lors des sessions de dialogue de gestion. C'est l'auto-apprentissage des équipes dans un cadre managérial sécurisant qui sera le moteur de cette dynamique.

---

[168] Définir, mesurer, analyser, améliorer et contrôler

Synthèse de la quatrième partie

La démarche de dialogue de gestion doit être repensée avec le projet managérial dans un cadre « éco-responsable » et décisionnel clair

« *L'empowerment* » des équipes dans une organisation adaptative constitue l'objectif fondamental de la démarche de dialogue de gestion

Les espaces de discussions constituent des espaces de dialogue rénovés et favorisant l'empowerment des équipes

Les théories de l'acteur-réseau et de l'objet-frontière pourront appuyer la réflexion d'ensemble

Conclusion

Dans le contexte particulièrement mouvant des réformes, le Directeur de structures médico-sociales hospitalières va devoir être vigilant dans la mise en place du processus de dialogue de gestion.

Emanation de la culture du *New public management*, le dialogue de gestion pourra être perçu comme contraire aux valeurs du secteur médico-social.

C'est à travers un projet managérial innovant que la démarche de dialogue de gestion pourra prendre tout son sens et concilier une préoccupation humaniste avec une exigence de performance.

Ce sera bien la responsabilité du directeur que de promouvoir une culture de la bienveillance et de la confiance au sein de l'établissement. Car, nous pouvons rappeler qu'une culture d'établissement peut déshumaniser comme elle peut humaniser.

En mettant « l'*empowerment* » au centre du projet managérial, le Directeur redonnera les marges de manœuvre nécessaires aux agents pour participer dans la construction et la prise de décisions au sein de l'établissement.

Redonner la primauté à « celui qui fait » relèvera non seulement du bon sens mais permettra également de capitaliser sur l'intelligence de tous et non d'un seul ou de quelques-uns.

Le dialogue de gestion ne sera donc plus vécu comme la finalité d'un processus technocratique avec les tutelles mais bien plutôt comme le moyen de produire du sens à l'action dans un cadre de gouvernance sécurisant.

En s'exprimant à la fois dans les espaces de discussion et dans des réunions plus formalisées, la démarche de dialogue de gestion pourra permettre l'alignement entre les acteurs du territoire et les acteurs de terrain.

Mais, l'approche s'inscrit bien dans le « temps long » pour le Directeur et ses équipes…

Aussi, pour résumer, nous pouvons citer le poète espagnol, Antonio Machado, « il n'existe pas de chemin, le chemin se fait en marchant »[169]. La mise en œuvre du projet managérial et de la démarche de dialogue de gestion procède de la même logique : Ce qui compte pour les équipes, ce n'est pas la destination, mais le voyage.

---

[169] MACHADO A., « Proverbios y cantares », 1909

ABREVIATIONS

ANAP : Agence nationale d'appui à la performance

ANESM : Agence nationale d'évaluation de la qualité et de la qualité des établissements et services médico-sociaux

ANGELIQUE : Application Nationale pour Guider une Evaluation Labellisée Interne de Qualité pour les Usagers des Etablissements

ARS : Agence régionale de santé

ASV : Loi sur l'adaptation de la société au vieillissement

ATIH : Agence technique de l'information hospitalière

BEH : Bail emphytéotique hospitalier

CAE : Contrats d'accompagnement dans l'emploi

CAH : Comptabilité analytique hospitalière

CCAS : Centres communaux d'action sociale

CDD : Contrat à durée déterminée

CHU : Centre hospitalier universitaire

CLIC : Centre local d'information et de coordination

CME : Comité médical d'établissement

CNESM : Conseil national de l'évaluation sociale et médico-sociale

CNRS : Centre national de la recherche scientifique

CNSA : Caisse nationale de la solidarité et de l'autonomie

CPOM : Contrat pluriannuel d'objectifs et de moyens

DCL : Démence à corps de Léwy

DMS : Durée moyenne de séjour (DMS)

GCMS : Groupements de coopération sociale ou médico-sociale (GCSMS)

GHM : Groupe homogène de malades

GHT : Groupement hospitalier de territoire

GHS : Groupes Homogènes de Séjours (GHS)

GIR : Groupe Iso-Ressources

GMP : GIR moyen pondéré

GMPS : GIR moyen pondéré soins

GMSIH : Groupement pour la modernisation du système d'information hospitalier

EEE : Efficacité-Efficience-Economies

EHESP : Ecole des hautes études de santé publique

EHPAD : Etablissement d'hébergement pour personnes âgées dépendantes

EMG : Equipe mobile de gériatrie

EMS : Etablissements médico-sociaux

ENC : Echelle nationale de coûts

HAD : Hospitalisation à domicile

HPST : Loi portant réforme sur l'hôpital et relative aux patients, à la santé et aux territoires

IGAS : Inspection générale des affaires sociales

IOO : Input-output-outcome

IPDMS : Indice pondérée de durée moyenne de séjour

LFSS : Loi de Financement de la Sécurité Sociale

LOLF : Loi organique relative aux lois de finances

MAIA : Méthode d'action pour l'intégration des services d'aide et de soins dans le champ de l'autonomie

MAINH : Mission nationale d'Appui à l'INvestissement Hospitalier

MAP : Loi de Modernisation de l'action publique (MAP)

MEAH : Mission nationale d'expertise et d'audit hospitaliers (MeaH).

MCO : Médecine, chirurgie ou obstétrique

MSP : Maison de santé pluridisciplinaire

NPM : New Public Management

OIT : Organisation internationale du travail

OMS : Organisation mondiale de la santé

ONDAM : Objectif national des dépenses d'assurance maladie

PASA : Pôle d'activités et de soins adaptés

PMP : Pathos moyen pondéré

PSP : Paralysie supra-nucléaire progressive

RAMA : Rapport annuel d'activité médicale

RGPP : Révision générale des politiques publiques

SERAFIN-PH : Services et Etablissements : Réforme pour une Adéquation des FINancements aux parcours des Personnes Handicapées

SROMS : Schéma régional d'offre médico-sociale

SSR : Soins de suite et de réadaptation

T2A : Tarification à l'activité

USLD : Unité de soins de longue durée

ANNEXE 1

LES INDICATEURS
DU TABLEAU DE BORD DE LA PERFORMANCE

LES INDICATEURS DE DIALOGUE

LES INDICATEURS CLÉS D'ANALYSE ET DE PILOTAGE INTERNE

Axe 1 : Prestations de soins et d'accompagnement pour les personnes

Indicateurs de dialogue :
1. taux de personnes en dérogation ou hors autorisation,
2. score moyen dépendance GMP (dernier GMP validé et dernier GMP connu),
3. score moyen en soins requis PMP (dernier PMP validé et dernier PMP connu),
4. répartition des personnes accompagnées selon leur provenance,
5. répartition des personnes accompagnées sorties définitivement sur l'année par motif ou destination,
6. taux d'hospitalisation complète,
7. taux de réalisation de l'activité,
8. taux d'occupation des lits ou places financés,
9. taux de rotation des lits ou places financés,
10. taux de rotation des places financées en accueil de jour,

Indicateurs clés :
1. profil des personnes accompagnées : répartition en fonction des GIR (1 à 6),
2. profil des personnes accompagnées : répartition en fonction des GPP (groupes de patients proches),
3. profil des personnes accompagnées : répartition en fonction des types de déficiences observées,
4. répartition par âge des personnes accompagnées,
5. durée moyenne de séjour / d'accompagnement des personnes sorties définitivement,
6. part des personnes bénéficiant d'une mesure de protection,
7. taux d'occupation des places habilitées par des personnes bénéficiaires de l'aide sociale,
8. nombre moyen de journées d'absence des personnes accompagnées,
9. part des actes/séances programmés non réalisés,
10. file active des personnes accompagnées,

Axe 2 : Ressources humaines et matérielles

Indicateurs de dialogue :
11. taux d'ETP vacants,
12. taux de prestations externes,
13. taux de personnels occupant une fonction de gestion d'équipe ou de management,
14. taux d'absentéisme,
15. taux de rotation des personnels sur effectifs réels,

Indicateurs clés :
11. répartition des effectifs par fonction,
12. pyramide des âges du personnel,
13. taux d'absentéisme par motif,
14. poids du recours à l'intérim,

Axe 3 : Finances et budget

Indicateurs de dialogue :
16. taux d'atteinte des prévisions de recettes,
17. taux d'atteinte des prévisions de dépenses,
18. taux de CAF,
19. taux de vétusté des constructions,
20. taux d'endettement,
21. besoin en fonds de roulement en jours de charges courantes,

Indicateurs clés :
15. répartition des recettes par groupe,
16. répartition des dépenses réalisées par groupe,
17. répartition des recettes par section tarifaire,
18. répartition des dépenses par section tarifaire,
19. taux d'utilisation de la dotation en soins,
20. structure des dépenses financées par la dotation de soins,

Axe 4 : Objectifs

Indicateurs de dialogue :
22. état d'avancement de la démarche d'évaluation interne et d'évaluation externe.

Indicateurs clés :
21. état des lieux de la fonction « système d'information » dans les ESMS.

LES DONNÉES DE CARACTÉRISATION ESMS
Description générale et statique des principales caractéristiques de la structure (descriptif prestation de soins, RH et matériel, structure financière, objectifs).
Permet de documenter l'offre de soins et d'accompagnement de la structure, d'appliquer des filtres afin de réaliser des comparaisons entre groupes homogènes d'ESMS.

ANNEXE 2

Questionnaire d'entretiens (trame générale)

1- Pouvez-vous me définir le dialogue de gestion ? Qu'est-ce qu'il signifie concrètement pour vous en termes d'objectifs, de moyens et de mise en œuvre ?

2- Avez-vous eu une expérience de dialogue de gestion au sein de l'hôpital A ou d'un autre hôpital ?

3- Avez-vous eu une expérience similaire sur le secteur médico-social ? Dans le secteur médico-social, pensez-vous que la démarche de dialogue de gestion peut être réalisée de la même manière qu'en MCO ? Quelles différences voyez-vous s'il y en a ? Y-a-t-il des difficultés supplémentaires ou particulières sur ce secteur ?

4- Pouvez-vous décrire les conditions d'exercice actuelles du dialogue de gestion dans votre structure (réunions, outils mis à disposition, etc) ? Si des indicateurs ont été mis en place, pouvez-vous donner des exemples (nature, fréquence, …) ?

5- Quel retour d'expériences pouvez-vous donner sur le dialogue de gestion ?

6- Pouvez-vous préciser ce que le dialogue de gestion a apporté pour vous ? pour votre équipe ? pour des équipes dont vous n'auriez pas eu la responsabilité ?

7- Est-ce que le dialogue de gestion a modifié les pratiques de management de la direction ? Si tel est le cas, précisez en quoi l'avez-vous constaté ?

8- Est-ce que le dialogue de gestion a modifié les pratiques de management de votre équipe ? Avez-vous observé un tel changement dans d'autres équipes ? Si tel est le cas, précisez en quoi l'avez-vous constaté ?

9- Quelles améliorations pouvez-vous suggérer sur les conditions du dialogue de gestion ?

10- Quel lien y-a-t-il entre dialogue de gestion et dialogue social selon vous ? Pensez-vous que dialogue de gestion et dialogue social sont complémentaires, redondants ou totalement déconnectés ?

11- Quel rôle les organisations syndicales doivent-elles prendre dans le dialogue de gestion ? Peut-elle s'appuyer sur le dialogue de gestion pour conduire leurs actions ?

12- Quel lien y-a-t-il entre dialogue de gestion et dialogue social selon vous ? Pensez-vous que dialogue de gestion et dialogue social sont complémentaires, redondants ou totalement déconnectés ?

BIBLIOGRAPHIE

Ouvrages (par ordre chronologique de parution) :

BENTHAM J., « Le panoptique », 1791

DURKHEIM E., « De la division du travail social », 1893

MACHADO A., « Proverbios y cantares », 1909

MAUSS M., « Essai sur le don. Forme et raison de l'échange dans les sociétés archaïques », Année sociologique, 1923

LIKERT R., « Human organization : its management and value », McGraw Hill, 1967

FOUCAULT M., « Surveiller et punir », Gallimard, 1975

CROZIER M. et FRIEDBERG E., « L'Acteur et le système », Seuil, 1977

BAIRD L., « Managing performance », John Wiley & Sons, 1985

FREIDSON E., « Medical work in America », Yale university, 1989

HERZBERG F., MAUSNER B. et SNYDERMAN B. B., « The motivation to work », Transaction publishers, 1993

LE GOFF J-P, « Les illusions du management », La Découverte, 1993

KAPLAN Robert S. et NORTON David P., « The Balanced Scorecard: Translating Strategy into Action », Harvard Business School Press, 1996

CLOT Y., « La fonction psychologique du travail », Editions PUF, 1999

HART J., LUCAS S. et GOUDEAUX A., « Management hospitalier : stratégie nouvelle des cadres : concepts, méthodes et études de cas », Lamarre, 2002

MINNAERT M-F. et MULLER F., « Management hospitalier : un nouvel exercice du pouvoir », Editions Masson, 2004

BOYNE Georges A. et al., « Public service performance, Perspectives on measurement and management », Cambridge University Press, 2006

DOBIECKI B. et GUAQUERE D., « Être cadre dans l'action sociale et médico-sociale », ESF, 2007

CHAUVIERE M., « Trop de gestion tue le social », La découverte, 2007

GODBOUT J. T. et CAILLE A., « L'esprit du don », La Découverte, 2007

SCOTT R. W. et DAVIS G. F., « Organisations and Organizing », Pearson Prentice hall, 2007

DE GAULEJAC V., « La société malade de gestion », Le Seuil, 2009

MICHEL H. et BRIERE T., « Le Pouvoir au-delà du Pouvoir : L'exigence de démocratie dans toute organisation », F. Bourin, 2012

NOBRE T., « Le Management de pôles à l'hôpital », Dunod, 2012

BOUQUIN H., « Le contrôle de gestion », Presses universitaires de France, 2013

BARTOLI A. et BLATRIX C., « Le management dans les organisations publiques », Dunod, Management public, 2015

CHURCHILL W., « Mémoire de guerre 1919-1941 », Editions Tallendier, 2015

FERMON B. et al., « Performance et innovation dans les établissements de santé, Dunod « Guides Santé Social », 2015

Articles de presse (par ordre chronologique de parution) :

CALLON M., « Eléments pour une sociologie de la traduction. La domestication des coquilles Saint-Jacques et des marins-pêcheurs dans la baie de Saint-Brieuc », L'année sociologique, 1986

HOOD C., « A public management for all seasons? », Public Administration, 1991

DETCHESSAHARD M., « Quand discuter, c'est produire… Pour une théorie de l'espace de discussion en situation de gestion », Revue française de gestion, 2001

AMAR A. et BERTHIER L., « Le nouveau management public : avantages et limites », Revue Gestion et management public, 2007

TRUSCELLI D., « Culture hospitalière et rencontre avec la culture du secteur médico-social. Réflexion à partir d'un parcours personnel », Contraste, 2007

DESMARAIS C. et al. « Gestion des personnels publics : évolutions récentes et perspectives », La Revue de l'Ires 2007

MINVIELLE E. et al., « Hospital performance: competing or shared values? », Health Policy, 2008

CHAUVIERE M., « Qu'est-ce-que la chalandisation ? », Informations sociales, 2009

MONTET I., « De l'usage du New public management pour démonter le secteur », L'information psychiatrique, 2009

SARASVATHY S. D., « Effectuation : Elements of entrepreneurial expertise », 2009

ABRY J-M., « Le social et le médico-social à l'épreuve de sa déshumanisation », Connexions, 2009

DUQUESNE J-L, « En manageant, un directeur trahit-il le médico-social ? », Empan, 2010

DUBREUIL B., « L'utilité sociale ne relève pas de la performance », Vie sociale, 2011

BABEAU O. et CHANLAT J-F, « Déviance ordinaire, innovation et gestion. L'apport de Norbert Alter », Revue française de gestion, 2011

LEMPEREUR A., « Faciliter une solution négociée aux conflits », Revue française de gestion, 2011

MOISOND J-C, « Le paradoxe de la boîte noire. Réformes hospitalières et organisation », Droit et société, 2012

AUBOUIN N. et al., « Les outils de gestion dans les organisations culturelles : de la critique artiste au management de la création », Management & Avenir, 2012

BICHUE D., « La performance en question », Empan, 2012

PONDAVEN M., « Historique récent des politiques publiques de l'évaluation des activités des ehpad », Gérontologie et société, 2012

DUBREUIL B., « L'interaction d'aide ne relève pas de la performance », Empan, 2012

EGGRICKX A., « Réflexion critique sur l'adoption d'outils de gestion par mimétisme : le cas de la LOLF », Management & Avenir, 2012

SAMR M., « La performance pour les organisations médico-sociales : évoluer sans se dévoyer », Empan 2012

FOURNEAU A. et GUILLOT J-P, « Préparer les futurs managers au dialogue social », L'Expansion Management Review, 2012

LOCHARD Y., « L'invention d'espaces de dialogue sur les conditions de travail dans l'administration. Le cas du processus au ministère des Finances », La Revue de l'Ires, 2012

GRENIER C. et MARTIN V., « Performance des organisations et bien-être des usagers : quels modes de pilotage et d'intervention ? », Management & Avenir, 2013

BERTEZENE S., « Le pilotage de la performance éthique : résultats de recherches interventions dans le secteur médico-social », Management & Avenir, 2013

LEMAIRE C. et NOBRE T., « Le rôle des acteurs dans la gestion d'un projet d'implantation d'un tableau de bord dans le secteur médico-social », Journal de gestion et d'économie médicales, 2014

DUBOST N., « Culture professionnelle et démarches qualité dans le secteur médico-social français », Gestion, 2014

SIMON A. et al., « La construction d'un baromètre pour mesurer la « performance RH » en milieu public : une application dans le contexte local », Gestion et management public, 2015

DUBOST N. et FABRE P., « Des indicateurs pour optimiser l'allocation des ressources ? Une enquête exploratoire au sein d'un réseau administré », Gestion et management public, 2016

GRIMAND A., « La prolifération des outils de gestion : quel espace pour les acteurs entre contrainte et habilitation ? », Recherches en Sciences de Gestion, 2016

SIBILLE R. et JOEL M-E., « Les directeurs d'EHPAD : contraintes, marges de manœuvre et diversité des pratiques », Revue française des affaires sociales, 2016

HEICHETTE S., « Le renouvellement de l'encadrement dans le champ social. Un effet de la nouvelle gestion publique », Les Cahiers Dynamiques 2016

Rapports (par ordre chronologique de parution) :

« La formation des cadres du secteur social : trois écoles en quête de stratégie », Rapport annuel de l'IGAS, 1998

DU JONCHAY G., « Le dialogue de gestion », Rapport du groupe de travail, 2006

Rapport de la mission Cadres Hospitaliers présentée par Chantal DE SINGLY le 11 septembre 2009

« Etablissements et services pour personnes handicapées », rapport de l'IGAS remis par Laurent VACHEY et Agnès JEANNET en 2012

« Evaluation de l'expérimentation de l'intégration des médicaments dans le forfait soins des EHPAD », Rapport de l'Inspection générale des affaires sociales (IGAS), 2012

« Le pacte de confiance à l'hôpital », Rapport remis par Edouard COUTY en 2013

JOSEPH V., « Le contrôle de gestion dans les établissements sociaux et médico-sociaux : un outil de performance au service des usagers et des professionnels », Mémoire EHESP, 2015

Thèses et mémoires (par ordre chronologique de parution) :

PITTET N., « La LOLF story, les enjeux communs et les spécificités des démarches locales de performance par rapport à la LOLF », Mémoire Master II Management du secteur public, 2007

GRYGOWSKI D., « La genèse d'un plan d'actions pour lutter contre l'absentéisme professionnel : le cas de l'hôpital Bretonneau », Mémoire EHESP, 2009

GURRUCHAGA M., « La création des Agences régionales de santé : Recomposition de l'action publique sanitaire et sociale ? », 2010

LARTIGAU J., « Le contrôle de gestion à l'heure des réformes hospitalières : une fonction en mutation ? », Thèse de doctorat, 2010

« L'intégration des établissements médico-sociaux dans une démarche d'évaluation est-elle un gage d'une prise en charge de qualité ? », Rapport du module interprofessionnel de santé publique, EHESP, 2011

GREVIN A., « Les transformations du management des établissements de santé et leur impact sur la santé au travail : l'enjeu de la reconnaissance des dynamiques de dons », Thèse de doctorat, 2011

DURIEZ G., « Le dialogue de gestion entre les médecins et la direction », Mémoire EHESP, 2012

MARTIN C., « Concurrence, prix et qualité de la prise en charge en EHPAD en France. Analyses micro-économétriques », 2012

LUX G., « Adoption et usage(s) des outils de gestion par les directeurs d'Etablissements et Services Médico-sociaux : état des lieux et facteurs explicatifs », Thèse de doctorat, 2013

BENOIT C., « Le plaisir au travail : un management fondé sur la culture du bien être au travail et la proximité entre professionnels et résidents », Mémoire EHESP, 2013

JOSEPH V., « Le contrôle de gestion dans les établissements sociaux et médico-sociaux : un outil de performance au service de l'usager et des professionnels », Mémoire EHESP, 2014

CHABRILLAT V., « L'impact des politiques managériales sur l'absentéisme, l'exemple du centre hospitalier de Billom », Mémoire EHESP, 2015

JACQUES A., « La déclinaison des politiques publiques, ou la transformation continue d'une agence régionale de santé », note de politique publique, EHESP, 2016

Conférence :

Conférence européenne de l'association des établissements et services pour personnes âgées, 22-23 septembre 2016

Autres :

« Renseigner le compte qualité sur la thématique « qualité de vie au travail » », HAS, 2014

« Le tableau de bord de la performance dans le secteur médico-social. Mieux se connaitre et dialoguer sur son territoire. », ANAP, 2016

TABLES DES MATIERES

Préface ....

Introduction ....

Le *New public management*, réforme du secteur médico-social 10

    I.   Vingt années de réformes dans le secteur médico-social français 11

    II.   Le *New public management* au service de l'usager et de la bonne santé financière du secteur médico-social 17

    III.   Les défis du secteur médico-social face au *New public management* 23

Terrains d'études et diagnostic 32

    I.   Présentation des terrains d'étude et méthodologie 33

    II.   Les terrains d'étude comportent des similitudes pour développer notre réflexion 37

        A-   DES PROJETS ARCHITECTURAUX AMBITIEUX 37

        B-   UN PHENOMENE D'USURE DES EQUIPES D'ENCADREMENT ET DE SOINS 42

        C-   DES MOUVEMENTS SOCIAUX ET D'USAGERS 45

        D-   UN DIALOGUE DE GESTION EN RECONSTRUCTION ENTRE LA DIRECTION, LES PERSONNELS ENCADRANT ET MEDICAUX 47

III. Validation de nos hypothèses de départ 52

Le diagnostic, un élément préalable indispensable pour mettre en place la démarche de dialogue de gestion 56

    I. Construire un diagnostic fiable et objectif 57

        A- LA CULTURE DE L'ETABLISSEMENT, SON HISTOIRE ET CELLE DU TERRITOIRE DANS LEQUEL IL S'INSCRIT 58

        B- LA SITUATION CONJONCTURELLE DE L'ETABLISSEMENT. 60

        C- LE MANAGEMENT ET LA GOUVERNANCE DE L'EQUIPE DE DIRECTION 62

        D- LE « SENS COLLECTIF » OU L'ESPRIT D'APPARTENANCE AU GROUPE 65

        E- L'ETAT DES LIEUX DE LA DEMARCHE DE DIALOGUE DE GESTION 67

    II. Développer le dialogue de gestion et analyse Forces/Faiblesses/Opportunités/Menaces 69

Le dialogue de gestion et le projet managérial, deux démarches indissociables pour le Directeur d'établissement 74

    I. Le projet managérial et réseaux d'acteurs : Comment repenser le dialogue de gestion 76

        A- MANAGEMENT ET PROJET MANAGERIAL, DEFINIR UN CADRE POUR DEVELOPPER LE DIALOGUE 76

        B- LE RESEAU D'ACTEURS, VERS UNE REDEFINITION DES ROLES ET RESPONSABILITES 81

    C-   DE NOUVEAUX LIEUX DE DIALOGUE : LES ESPACES DE DISCUSSION 91

    II.   La démarche du dialogue de gestion 96

    A-   L'INTENTION MANAGERIALE DANS LA DEMARCHE DE DIALOGUE DE GESTION 97

    B-   L'OBJET-FRONTIERE : CONCEPT ET CONSTRUCTION AU SERVICE DU DIALOGUE DE GESTION 100

    C-   MANAGEMENT « AGILE » ET ORGANISATION ADAPTATIVE 104

    D-   UNE APPROCHE PRAGMATIQUE POUR UNE MEILLEURE ADHESION A LA DEMARCHE 107

Conclusion 112

ABREVIATIONS 116

ANNEXE 1 119

ANNEXE 2 120

BIBLIOGRAPHIE 122

© 2019, Alexandre JACQUES
Editeur : BoD - Book on Demand,
12/14 rond-point des Champs Elysés, 75008 PARIS,
Impression : BoD - Book on Demand, Allemagne
Dépôt légal : Janvier 2019